ALCIDE DUSOLIER

CE QUE J'AI VU

DU 7 AOUT 1870 AU 1er FÉVRIER 1871

L'effondrement de l'Empire.
Le Quatre-Septembre. — Le dictateur Gambetta.

NOUVELLE ÉDITION

PARIS

MAURICE DREYFOUS, ÉDITEUR
13, RUE DU FAUBOURG-MONTMARTRE, 13

1879

CE QUE J'AI VU

DU 7 AOUT 1870 AU 1er FÉVRIER 1871

IMPRIMERIE D. BARDIN, A SAINT-GERMAIN

ALCIDE DUSOLIER

CE QUE J'AI VU

DU 7 AOUT 1870 AU 1er FÉVRIER 1871

L'effondrement de l'Empire.
Le Quatre-Septembre. — Le dictateur Gambetta.

NOUVELLE ÉDITION

PARIS

MAURICE DREYFOUS, ÉDITEUR

13, RUE DU FAUBOURG-MONTMARTRE, 13

1879

CE QUE J'AI VU

DU 7 AOUT 1870 AU 1er FÉVRIER 1871

I

(*Nontron*)

N***, 15 mars 1874.

Je me souviens, comme d'hier, du jour
où nous apprîmes ici l'écrasement de Mac-
Mahon à Reichshoffen.

C'était le 7 août, vers quatre heures.

On votait, ou, plutôt, on avait fini de voter. Le maire venait d'ouvrir la vaste caisse
en bois blanc où, depuis la veille au matin,
se coulaient, par une fente étroite comme en
ont les anciennes tirelires, les bulletins des
habitants appelés à nommer leurs conseillers
municipaux. Assis au bureau, disparaissant
au milieu des électeurs penchés sur eux et

qui, parfaitement rassurés sur le résultat d'une campagne inaugurée par la glorieuse affaire de Saarbrück, réservaient leur inquiétude à l'issue de la bataille municipale, les scrutateurs avaient commencé le dépouillement, quand, tout à coup, un citoyen entra vivement dans la salle et nous annonça « une grande victoire de Mac-Mahon.... » Où remportée? il n'en savait rien; mais le télégramme, encore à la sous-préfecture, allait tout de suite être affiché sur la façade de l'hôtel de ville.

On reçut la nouvelle avec joie certainement, mais sans exaltation. Être victorieux cela semblait si simple, si naturel, *si forcé!*

A peine le survenant eut-il parlé que nous entendîmes un roulement de tambour. C'était la dépêche qui arrivait. Elle fut fixée contre le mur par quatre pains à cacheter, puis lue à haute voix.

Hélas!

Nous, qui, du premier étage, de la salle du vote, avions écouté par les fenêtres, nous crûmes avoir mal compris, et nous voilà, tout affolés et criant : « C'est absurde ! » à dégringoler le grand escalier qui mène au perron de l'hôtel de ville.

Hélas !

Un coup d'œil jeté sur le petit carré de papier suffit pour nous convaincre de la réalité de notre malheur. Alors, quelle douleur, quelle désolation ! On ne se connaissait plus. Les uns s'échappaient en imprécations contre l'Empire et contre la Prusse, levaient le poing, menaçaient ; d'autres, navrés, abattus, pleuraient silencieusement ; — seuls, quelques-uns, plus calmes, assuraient que rien n'était perdu, qu'il y avait eu surprise... « Peut-être, même, la nouvelle était-elle fausse... il fallait attendre... et, d'ailleurs, au cas où l'échec serait vrai, il serait bientôt vengé... cela ne tirait pas à conséquence... car il est impossible que nous n'en sortions pas, il est impossible que la Prusse nous résiste ! »

« Oui ! oui ! Vous avez raison, ce n'est rien, répondait-on de tous les côtés, nous ne pouvons pas être battus ! »

Et l'on voulait paraître confiants, on essayait même de sourire. Pourtant les visages demeuraient pâles, et c'est le cœur gros que chacun rentra chez soi, laissant le maire et ses assesseurs, là-haut, dans la salle du conseil, proclamer devant quelques candidats acharnés les vainqueurs et les vaincus du scrutin : il y avait désormais d'autres combats où s'intéresser.

II

A partir de ce jour, la physionomie de la petite ville, insouciante d'ordinaire et légèrement égoïste, changea du tout au tout. On était triste? Non; du moins, on l'était autrement que la veille, ou, plutôt, on était grave, ce qui est la façon virile d'être triste.

Cependant, les journaux, reproduisant des lettres de l'armée qui révélaient que nos soldats manquaient de vivres, d'ambulances et de munitions, que nos canons n'avaient pas de chevaux pour les traîner, nos places fortes, d'artillerie ni d'artilleurs pour les défendre, que l'incurie, l'incapacité et le désordre étaient les vrais généraux en chef de nos malheureuses troupes [1], éveillaient

1. De toutes parts on réclamait à grands cris les

l'inquiétude chez les plus mâles, — et, chez

objets de campement les plus nécessaires aux soldats, aussi bien que les approvisionnements les plus indispensables. Sur certains points, faute de boulangers, on mangeait le biscuit, qui commençait à manquer dès les premiers jours, de telle façon que le major général lui-même (celui qui jurait à la tribune, une semaine auparavant, *que tout était prêt!*) couronnant cette série de plaintes, dont il aurait pu prendre sa part, écrivait : « Je manque de biscuit pour marcher en avant; » et l'on n'était qu'au 29 juillet!

(*Revue des Deux-Mondes*, 1er février 1874.)

Je pourrais donner ici les dépositions des intendants généraux Friant, Wolf, de Cevilly, de La Valette, et les dépêches des chefs de corps, rassemblées dans le rapport accablant de M. d'Audiffret-Pasquier. Mais à quoi bon? Elles sont dans toutes les mémoires, et, tous aussi, nous nous souvenons du cri d'indignation poussé par le général Ducrot : « On se sent pris d'un véritable désespoir, lorsqu'on pense que nos affreuses humiliations sont la conséquence d'une imprévoyance sans nom, d'une incapacité absolue, d'un fol entêtement! Vainement, pendant cinq ans, nous avons sonné la cloche d'alarme : on n'a pas voulu l'entendre, et, par cet aveuglement fatal, on est arrivé à nous infliger toutes les hontes de la défaite, toutes les humiliations, toutes les douleurs de la captivité!... Vous ne savez pas ce que nous avons souffert; non, vous ne le saurez jamais ! »

tous, excitaient l'indignation la plus vive. Pas de doute, *on était livré!* Aussi, l'on ne se gênait pas pour maudire publiquement ce criminel Empereur.

La fièvre était générale. Hommes, femmes, nul ne pouvait demeurer à la maison, toute la population vivait dehors, sur l'immense place qui s'étend devant l'hôtel de ville. On restait là en permanence, attendant les dépêches, et cinq minutes ne se passaient pas que l'un ou l'autre ne fût expédié du côté de la sous-préfecture pour voir si l'on n'apportait pas quelque nouvelle. L'anxiété de cette époque ne se peut imaginer. Si de toute l'après-midi nous n'avions rien reçu, nous pensions que l'autorité gardait devers elle et nous cachait les télégrammes... Un soir, la foule se rua sur la sous-préfecture, criant qu'elle voulait savoir, qu'elle voulait qu'on lui dît tout! Le sous-préfet n'avait rien. On finit par se retirer, mais pleins de colère et de soupçons.

C'était le soir, principalement, entre huit et neuf heures, que les dépêches arrivaient et qu'elles étaient affichées à l'hôtel de ville. Point de réverbères allumés. Sur la place, la foule impatiente, allant et venant dans la nuit sombre.

« La voilà ! » s'écriait quelqu'un, qui, posté en sentinelle à la naissance de la rue qui continue la place, signalait soudain le domestique du sous-préfet, lequel arrivait en courant : « La voilà ! » Et la masse de se précipiter, chacun voulant voir, voulant lire le premier. C'était, tout d'abord, une confusion inexprimable. Enfin, l'ordre se faisait peu à peu ; et sur la désignation de la foule, un de ceux qui avaient la voix la plus forte et la plus claire lisait la dépêche à la lueur d'un bout de chandelle, au milieu d'un silence terrible.

Ah ! qu'elles étaient lamentables, ces dépêches !

Je me rappellerai toute ma vie cette soirée du 10 août, où nous entendîmes la fameuse « Proclamation aux Français, » rédigée par Ollivier et autres grands ministres : « Quelques-uns de nos régiments ont succombé sous le nombre, disait le Cœur-Léger... Comme en 1792, et comme à Sébastopol, que nos revers ne soient que l'école de nos victoires ! Ce serait un crime de douter un instant de salut de la patrie, et surtout de ne pas y contribuer. Debout donc, debout ! Et vous, habitants du Centre, du Nord et du Midi, sur qui ne pèse pas le fardeau de la guerre, accourez d'un élan unanime au secours de vos frères de l'Est ! »

Ce fut une stupeur.

« Comment ! On nous assure que, seuls, quelques régiments ont succombé sous le nombre, — et l'on adresse à la Nation un appel désespéré, comme si tout était perdu ! Qu'est-ce que cela signifie et que faut-il croire ? Mais ils ne diront donc jamais la vérité ! »

Le lecteur, arrivé aux noms des signataires de la proclamation, n'en put jeter que deux à la foule, tant l'exaspération était grande : « Non ! non ! s'écriait-on de toutes parts, nous les connaissons trop ! »

Les jours suivants furent remplis par de tristes adieux : c'étaient les anciens militaires qu'on requérait, les engagés volontaires, les jeunes gens qui devançaient l'appel de leur classe. Tout le monde, tout ce qui pouvait marcher les accompagnait, au chant de la *Marseillaise*, au delà du faubourg, en pleine campagne ; — et, après avoir entendu, à genoux, la tête découverte, la grande invocation des vieux de la première République :

Amour sacré de la Patrie !

on se serrait une dernière fois la main, puis on se séparait au cri, au cri unique de : Vive la France ! Jamais un : « Vive l'Empereur ! » ne déshonora ces départs. Les autorités elles-mêmes n'osaient plus acclamer ce nom maudit, elles se contentaient, elles aussi, de crier : Vive la France ! cette pauvre France que le maître venait d'ouvrir à l'invasion étrangère.

III

Ce cri sacrilège de vive l'Empereur! fut cependant poussé encore une fois sur le sol de la patrie française ; il le fut, le 16 août, par la populace de paysans qui, pris d'une sorte de folie comme celle qui, parfois, s'empare des bœufs dans les champs de foire, sous les morsures du soleil, torturèrent, tuèrent et brûlèrent à Hautefaye mon infortuné camarade Alain de Moneys.

On l'assommait de coups de bâton : Vive l'Empereur ! On lui arrachait les cheveux : Vive l'Empereur ! On le traînait par les jambes à travers les ruelles du bourg, sa tête sanglante sonnait sur les cailloux, son corps déchiré sautait de droite et de gauche : Vive l'Empereur ! Vive l'Empereur ! Et lorsque, demi-mort, respirant à peine, ces sauvages l'arrêtèrent dans une mare desséchée pour le flamber avec des bottes de paille généreusement offertes, c'est au cri de vive l'Empereur! qu'on mit le feu, c'est au cri de vive Napoléon! que cette multitude insensée dansa autour du jeune martyr qui se débattait encore, qui se retournait sur le bûcher, — et que la graisse de son corps coula sur deux pierres plates que j'ai vues, toutes tachées de cette graisse humaine, au greffe du parquet de la ville.

On leur avait tant dit et répété depuis vingt ans, à ces paysans superstitieux, que l'Empereur était « l'Élu de la Providence, » que tout bien, tout bonheur venait de lui, et tout le mal des autres (les autres, c'est-à-dire les légitimistes, les républicains, les orléanistes) ; — lui-même, il prenait un si grand soin, chaque année, à l'ouverture des chambres, de se réclamer de cette Providence et de s'en dire l'homme d'affaires, que la masse rurale avait fini par adopter à la lettre cette imprudente déification d'un des souverains les plus incapables et les moins honnêtes dont la France ait eu à souffrir.

Oui, pour nos campagnes, cet Empereur était comme un Dieu, il en avait réellement les attributs, et le principal de tous : l'infaillibité.

Aussi, les paysans le tenaient-ils quitte de toute responsabilité dans nos désastres : « Il n'était cause de rien. » Si nos soldats avaient été si lamentablement accablés dès le début, la faute n'en était pas aux généraux qu'il avait faits, au manque des préparatifs les plus élémentaires qu'il avait négligés, non plus qu'à l'insouciance inouïe qu'il avait montrée en déclarant la guerre sans connaître les force du peuple qu'il provoquait ; — non, l'Empereur n'était pas coupable, c'était les autres ! « Jules Favre et Gambetta ont caché les armes, » disait-on à ces *innocents* ; et ils croyaient le dire incroyable, et ils répétaient le dire absurde.

Est-ce que l'Empereur, en effet, pouvait être vaincu, s'il n'était pas trahi ? Et par qui trahi ? Qui avait intérêt à le livrer ? Chez nous c'était « les nobles et les prêtres, » lesquels, on le savait bien, expédiaient journellement de l'argent aux Prussiens. On citait les sommes : le curé de V... avait envoyé 16,000 fr.; le comte de G... 25,000, etc., etc.

Et voilà pourquoi Alain de Moneys qui, pour son malheur, avait la particule, fut brûlé vif par des paysans idolâtres, au cri de vive Napoléon[1] !

Le crime d'Hautefaye fut la dernière manifestation en faveur de la dynastie.

1. Dans ce même mois d'août, des tentatives d'assassinat, inspirées toujours par cette idée que l'Empereur était trahi et que les adversaires de sa politique faisaient passer de l'argent à la Prusse, eurent lieu dans la Somme, le Haut-Rhin et la Vienne : dans la Somme, contre le comte d'Estourmel, légitimiste ; dans la Vienne et le Haut-Rhin, contre M. Jaquot et le député Tachard, républicains tous les deux.

IV

A cette époque, il n'y avait plus, à vrai dire, un seul bonapartiste en France. Napoléon III était tombé, bien avant le 4 Septembre, dans le cœur même de ceux qui l'avaient le plus aimé. C'est qu'alors on se laissait aller de bonne foi à la générosité française, c'est qu'étant patriote, ami de son pays, on était naturellement ennemi de l'Empire.

Tous, sans exception, détestaient l'homme et son entourage ; tous, se rappelant cette séance décisive du 15 juillet où M. Thiers s'écriait au milieu des clameurs injurieuses de la majorité : « Je regarde cette guerre comme souverainement imprudente » et avertissait le gouvernement « qu'il n'était pas prêt ; » où MM. Gambetta, J. Simon, Favre,

Arago, s'épuisèrent à supplier le Corps législatif de réfléchir au moins, avant d'engager le pays dans une si redoutable aventure ; — tous, se rappelant la sotte forfanterie des Cassagnac, des Jérôme David, des Piré, devant cette raison et ce patriotisme clairvoyant, tous, les plébicistaires comme les autres, traitaient suivant ses mérites cet Empereur, qui avait osé affirmer par ses ministres « qu'on avait pris toutes les précautions contre les menaces de la Prusse » (*Ollivier*).

Et les bonapartistes, désabusés, de se frapper la poitrine et de pleurer leurs « oui » du 8 mai ! Je les ai entendus, moi qui trace ces paegs douloureuses, mes oreilles sont pleines encore de leurs repentirs indignés. Oh ! ce n'était plus comme au beau jour de la déclaration de guerre, quand on voyait des bourgeois paisibles, devenus subitement enragés, soutenir, avec des yeux furibonds et l'écume aux lèvres, qu'on devrait pendre par les pieds Gambetta, Jules Favre et Thiers, et leur mettre le feu à la tête !

Dès lors, la République était faite dans les esprits, les plébiscitaires eux-mêmes, je le répète, ne voulant plus de l'Empire, et personne ne songeant au Bourbon non plus qu'aux d'Orléans. N'est-il pas vrai, réactionnaires, qui n'avez aujourd'hui que des invectives pour « l'impie révolution du 4 Septembre » et dont l'impudence provoque le dégoût de tous ceux qui vous ont vus et entendus en août 1870 ?

La République ! Si tous ne l'attendaient pas, qui ne s'y attendait alors ? Elle était fatale, nécessaire, forcée ; — le seul reproche qu'on puisse adresser à Paris, c'est de ne pas l'avoir donnée à la France immédiatement après Reichshoffen, c'est de n'avoir pas déposé tout de suite ce funeste Bonaparte qui, au lieu de laisser Mac-Mahon revenir sous Paris, allait l'envoyer à un carnage aussi affreux qu'inutile avec ses quatre-vingt-dix mille hommes. Napoléon détrôné, c'était Sedan évité ; l'Empire par terre, c'était la France debout.

Ah ! criminelle révolution, que n'es-tu ve-

nue plus tôt ; et pourquoi faut-il que nos
députés républicains, retenus par la crainte
qu'on ne les accusât de profiter des premières défaites pour s'emparer du pouvoir et de
n'avoir pas laissé l'Empereur faire tout le
possible, n'aient pas obéi aux sollicitations
du peuple parisien qui sentait bien, lui, que,
tant que la dynastie resterait, tant que la
France serait menée par des Ollivier et des
Jérôme David, tant que la République, enfin,
n'aurait pas chassé les gouvernants auxquels
nous étions abandonnés, on devait s'attendre à tous les malheurs, à tous les désastres !

Quelle faute, d'avoir ajourné la République !

V

C'est le 4 septembre au matin que nous apprîmes ici la boucherie faite à Sedan de nos pauvres soldats.

Le jour naissait à peine, le ciel était brumeux, l'air mouillé, quand, de ma maison située tout à côté de l'hôtel de ville, j'entendis sur la place une grande rumeur; en même temps, mon domestique effaré entra dans ma chambre et me dit : « Levez-vous, monsieur, venez vite, c'est épouvantable! »

A peine vêtu, je descendis en courant. Certes, c'était épouvantable, désespérant. Qu'était Reichshoffen en comparaison? Sur le mur, une proclamation, signée du comte de Palikao, de J. David et de leurs dignes collègues, d'où se détachaient ces nouvelles sinistres : « Mac-Mahon est blessé grièvement... Wimpffen a capitulé... Quarante mille hommes sont prisonniers (on mentait comme toujours, ce n'était pas 40,000, mais 80,000 et davantage)... » Enfin, et tout au bout, à la troisième avant-dernière ligne, comme si, pour les ultra-impérialistes du ministère, cela n'avait pas d'importance et qu'ils eussent compris que Napoléon III ne comptait plus : « l'Empereur a été fait prisonnier dans la lutte. »

Rien que cette courte phrase, jetée là, toute nue, toute sèche, dédaigneusement, comme un renseignement sans valeur et sans intérêt.

Eh bien, devant ces deux mots « l'Empereur prisonnier, » écrits avec impassibilité par les hommes qu'il avait comblés, moi, républicain depuis l'enfance, je sentis mes yeux se voiler de larmes. Ce n'était pas lui, assurément, lui, le grand coupable, que je pleurais ; mais je voyais notre France humiliée et captive avec son déplorable chef, et tout perdu sans retour, si cette République attendue (et qui tardait tant), ne jaillissait pas enfin du cœur de Paris, frémissante, terrible, exaltée par l'immensité même de nos désastres, pour mener le pays à la bataille et le jeter en masse sur l'ennemi.

Mais pas d'autre dépêche de toute la journée.

Les citoyens consternés se demandaient si Paris s'abandonnait lâchement lui-même, si toute énergie patriotique avait péri dans la Ville ; s'ils n'allaient pas enfin se déclarer et prendre résolument en main la cause sainte, ces hommes, dont les noms étaient dans toutes les bouches et que la France appelait vainement depuis trois semaines.

Le soir tomba. Rien, toujours rien.

Paris se résignait donc ! Abêti, stupéfié par la rapidité des catastrophes, il se coucherait donc à plat ventre pour recevoir avec docilité le dernier coup de l'Allemand ! On se regardait tristement, on n'osait presque plus espérer.

VI

Mais la sous-préfecture avait peut-être des nouvelles ; qui sait ? on nous cachait la vérité, — Paris s'était soulevé, — la République, qui n'abandonne jamais la France dans ses plus cruelles épreuves, était proclamée ?... Et on ne nous le disait pas ! On nous dissimulait le grand événement qui devait relever les courages et ressusciter l'espoir !

Je me promenais, vers neuf heures, avec quelques amis, attendant toujours une dépêche qu'on n'apportait jamais, quand un ouvrier nous informa qu'il venait de surprendre un fragment de conversation entre deux fonctionnaires très émus, qui l'avaient croisé dans la rue : « Déchéance... garde nationale... Trochu... Gambetta... République…, » voilà tout ce qu'il avait pu saisir au vol. C'était un indice, cela nous mettait sur la piste, mais comment *savoir au juste?* Qui interroger? Et pourtant, on ne se décidait pas à rentrer, on s'obstinait à parcourir, dans une attente fiévreuse, la place de l'hôtel de ville et les rues voisines, en se livrant aux suppositions les plus contraires.

Grâce à cette patrouille instinctivement organisée, nous finîmes par constater un va-et-vient inusité de fonctionnaires et de plébiscitaires huppés entre les maisons habitées par le procureur impérial, le maire et le conseiller d'arrondissement, qui suppléait le sous-préfet en tournée de révision. Nous décidâmes alors d'aborder quelques-uns d'entre eux, et nous les abordâmes, en effet, — mais sans succès; tous se bornaient à répondre qu'il y avait eu « quelques troubles à Paris.» Des troubles? mais de quelle nature, et de ces troubles qu'était-il résulté? Questions vaines : « Ils n'en savaient pas davantage.» — Allons donc! la République est faite, ripostions-nous, pourquoi ne pas le dire? —

« Nous n'en savons rien, » répondaient-ils obstinément. Puis, ils se dérobaient, rasant les murailles, et rentraient chez eux. Sans doute, plus d'un de ces braves barricada sa porte et, avant de se coucher, amorça son vieux pistolet à pierre, dans la crainte de ces gredins de « rouges, » qui pourraient bien assassiner et piller pendant la nuit.

Le lendemain matin, nombre d'habitants étaient groupés devant l'hôtel de ville : on se disait de l'un à l'autre que le maire venait de convoquer, pour huit heures, le conseil municipal, afin de lui communiquer les dépêches reçues. On ne se trompait pas, mais, avant la réunion, il nous fut impossible d'arracher la vérité vraie aux initiés de la veille, qui étaient là comme nous, et qui persistaient à soutenir « qu'ils ne savaient rien. »

Enfin, huit heures sonnèrent à la vieille horloge, et les conseillers montèrent à l'hôtel de ville, où M. le maire voulut bien leur faire part de la grande nouvelle, arrivée le 4 au soir : « La République avait été proclamée ; un gouvernement de Défense natio-

nale, composé des députés de Paris, remplaçait l'Empire ; le ministère était constitué. »
Cette lecture achevée : « Voilà, messieurs, nous dit le maire, la depêche que j'avais à vous communiquer. Mais je ne suis pas d'avis qu'elle soit affichée ; » et il fit le geste de la remettre dans sa poche. Il fallut toute l'insistance de plusieurs conseillers pour lui faire comprendre que la population, singulièrement irritée depuis la veille par les cachotteries des autorités, finirait par prendre très mal ce mutisme persistant. A quoi bon, du reste, céler plus longtemps ce que les journaux de Paris, qui seraient distribués dans une heure, apprendraient à tout le monde? Ces paroles sensées, dites avec modération, mais avec fermeté, furent écoutées ; et, d'un accord unanime, dix minutes après l'ouverture de la séance, la dépêche était lue à voix haute et affichée, en présence des citoyens qui attendaient sous les fenêtres et qui l'accueillirent par le cri de vive la République! Ce fut tout. Nulle démonstration, nul éclat. Si l'on était heureux de voir à la

tête du pays des hommes justement po-
pulaires, réputés pour leur énergie et leur
patriotisme, et qui, inspirant la confiance
que l'Empire avait perdue, auraient toute la
nation avec eux pour courir sus à l'envahisseur, on était encore sous le coup du grand
malheur de Sedan. Pour être profond, le
contentement restait grave, comme il conve-
nait en ces pitoyables circonstances.

VII

Dans l'après-midi, rencontrant un de ceux qui, depuis la veille, avaient été mis au courant et connaissaient la proclamation de la République ; « Eh bien, lui dis-je, pourquoi nous avoir caché la vérité ? Quel enfantillage ! » Il ne répondit point à ma question, mais, commé faisant des avances et tout guilleret : « En somme, la République était inévitable, l'Empire s'était perdu par sa propre faute ; on ne pouvait plus croire en ses créatures, impuissantes désormais à continuer la guerre, car on n'*enlève* pas un pays qu'on a trompé si grossièrement et qui, tout entier, se défie de vous... Que la République soit la bienvenue ! Peut-être nous sauvera-t-elle ! Le gouvernement, d'ailleurs, se compose de très braves gens, et nous sommes tous pour lui. »

Gagné, je l'avoue, par ces bonnes et honnêtes paroles, j'eus l'ingénuité de serrer la main à mon homme avec attendrissement. L'ingénuité, en effet, car, depuis, il a parlé et agi... comme bien d'autres ; et pas un jour ne s'écoule qu'il ne se permette sa petite vocifération contre « l'infâme attentat du 4 Septembre. » Dieu bénisse ces âmes loyales !

VIII

Fut-il jamais révolution plus pure, plus sainte que le 4 Septembre, traité par des malheureux (qui ont perdu le sens moral au point d'honorer Bazaine) d'insurrection criminelle, d'insurrection devant l'ennemi, et que l'histoire appellera l'insurrection du patriotisme contre l'invasion ? Ils auront beau mentir et répandre à grands frais leurs mensonges payés, ils ne parviendront point à salir cette date sacrée, ils n'empêcheront point les générations à venir de célébrer, comme il convient, en des fêtes civiques qui seront à la fois les fêtes de la liberté reconquise et de l'honneur recouvré, l'anniversaire du 4 Septembre.

Pauvres gens ! pour oser dire ce qu'ils disent, ils nous supposent donc la mémoire bien courte, ils pensent donc que nous avons oublié de quelle façon Paris a, non pas tué l'Empire, mais simplement constaté qu'il n'existait plus! Malheureusement pour eux, nous prenons des notes. Mais, si je veux rappeler ici les faits, ce n'est certes pas avec l'espoir de décourager les calomniateurs-jurés, qui persisteront à nier la vérité officielle elle-même, mais pour prémunir, pour armer nos frères des campagnes, dont les fables bonapartistes, insinuées à profusion jusque dans les hameaux perdus sous les bois, assiégent tous les jours et trouvent trop souvent sans défense les esprits crédules.

L'exposé sera court. Quelques citations, fournies par le compte rendu sténograhique des séances que tint le Corps législatif dans la nuit du 3 au 4 septembre et dans la journée du 4, suffiront à établir avec quelle unanimité les ministres et les députés de provenance gouvernementale, tout comme les représentants de l'opposition, constatèrent que, si l'Empereur était sorti vivant de la Saint-Barthélemy de Sedan, l'Empire y avait péri, et l'enterrèrent sans verser une larme. Droite, centre et gauche furent d'accord ; on ne différa guère que sur la façon dont devait être libellé l'acte de décès.

Dans la nuit du 3 au 4, M. Jules Favre proposa la rédaction suivante :

« Art. 1er. — Louis-Napoléon et sa dynastie sont déclarés déchus des pouvoirs que leur a conférés la Constitution.

« Art. 2. — Il sera nommé par le Corps législatif une commission de gouvernement composée de... » — Vous fixerez, messieurs, le nombre de membres que vous jugerez convenable dans votre majorité — « ... qui sera investie de tous les pouvoirs du gouvernement et qui a pour mission expresse de résister à outrance à l'invasion et de chasser l'ennemi du territoire.

« Art. 3. — M. le général Trochu est maintenu dans ses fonctions de gouverneur général de la ville de Paris. »

La Chambre décide que cette propositio n

qui n'a soulevé, du reste, aucune protestation, sera discutée le lendemain, et la séance est levée à une heure du matin.

Le lendemain, 4, au début de la séance, M. le général de Palikao, ministre de la guerre, dépose en son nom, comme au nom de ses collègues Grandperret, Clément Duvernois, Magne, Busson-Billault, Jérôme David, etc., un projet ainsi conçu :

« Art. 1ᵉʳ. — Un conseil de gouvernement et de défense nationale est institué. Ce conseil est composé de cinq membres. Chaque membre de ce conseil est nommé à la majorité absolue par le Corps législatif.

« Art. 2. — Les ministres sont nommés sous le contre-seing des membres de ce conseil. »

« M. Jules Favre. — Par qui nommés ?

« Le Ministre de la guerre. — Par les membres de ce conseil. »

La proposition Palikao n'est-elle pas, au total, la proposition Favre, sauf que la déchéance, au lieu d'être proclamée en tête du projet, est sous-entendue par la politesse ministérielle? Mais poursuivons nos extraits.

Le général de Palikao descendu de la tribune, M. Thiers y paraît à son tour et donne lecture de cette rédaction nouvelle, arrêtée de concert avec quarante-sept députés appartenant à toutes les fractions du Corps législatif:

« Vu les circonstances, la Chambre nomme une commission de gouvernement et de défense nationale.

« *Une Constituante sera convoquée* dès que les circonstances le permettront. »

Et parmi les signataires de la proposition-Thiers, qui trouvons-nous? Les bonapartistes par excellence : MM. Mathieu (de la Corrèze); Johnston, Roy de Loulay, aujourd'hui députés et membres de la réunion de l'Appel au peuple, et jusqu'au président de cette réunion, le baron Eschassériaux!

Après M. Thiers, M. Gambetta se lève et dit :

« Je demande à la Chambre de prononcer l'urgence en bloc sur les trois propositions (Favre, Palikao, Thiers).

« Voix nombreuses. — Oui! oui! »

Enfin, M. Favre invite la Chambre à renvoyer les trois propositions à une seule commission, ce qui, de même que l'urgence, est adopté par tout le monde, les propositions étant identiques dans le fond et ne différant absolument que dans la forme.

Puis les députés quittent la salle des séances et passent dans les bureaux[1].

Qu'ajouter? Et, suivant l'expression connue, les commentaires ne sont-ils pas inutiles? Le Corps législatif tout entier, y com-

---

1. « A l'exception du premier bureau, où la discussion se prolongea, tous les autres avaient nommé leurs commissaires ; *on s'était réuni, on avait accepté la proposition de M. Thiers à l'unanimité* ; on avait nommé M. Martel rapporteur. »

(*Souvenirs du 4 Septembre,* par M. J. Simon.

pris les ministres et les députés les plus in-
féodés à la dynastie, n'a-t-il pas, spontané-
ment, éconduit l'Empire et fait, à l'intérieur
du Palais-Bourbon, la révolution nécessaire
que la bourgeoisie, les ouvriers, la garde
nationale, l'armée faisaient en même temps
sur la place de la Concorde, sur les boulevards, par tout Paris?

Tous les libelles du monde ne peuvent
rien contre le témoignage des faits.

IX.

Les citations qui précèdent suffisent assurément à montrer avec quel ensemble la déchéance de l'Empire fut décidée. Il me paraît, toutefois, très opportun d'intercaler, dans ce récit familier, la majeure partie de la déposition de M. Thiers devant la commission d'enquête sur le 4 septembre : elle explique si bien l'attitude du Corps législatif dans ces deux séances ! elle expose, en outre, de si lumineuse façon, le comment et le pourquoi des événements extra-parlementaires qui substituèrent à une déclaration certaine de la Chambre la proclamation par les citoyens de l'inévitable déchéance, et celle de la République, qui s'ensuivit, — de la République, toujours invoquée dans les grands malheurs nationaux, tant ce nom

« République, » par les héroïques souvenirs qu'il réveille et par les espérances qu'il suscite, signifie pour tous vaillance, générosité, patriotisme!

Voici la déposition de M. Thiers :

« Le samedi, 3 septembre, on faillit en finir, mais la solution fut remise au lendemain... Le lendemain, dimanche, 4, après avoir pris un peu de repos, je me rendis à l'Assemblée, où l'agitation était extrême.

« Des membres du centre, autrefois très-réservés avec moi, m'abordèrent et me dirent :

« Il est évident qu'il faut en finir; *nous sommes décidés à rendre le trône vacant.* On nous demande le mot de déchéance, nous ne pouvons pas le prononcer, c'est chose impossible. Nous avons soutenu cette dynastie pour éviter une révolution; nous nous sommes trompés en la soutenant, mais il nous est impossible d'en prononcer nous-mêmes la déchéance. Soit, pour la chose, mais qu'on nous épargne le mot. »

« Ils me prièrent donc de trouver une rédaction qui conciliât leur dignité avec la
nécessité devenue évidente de faire vaquer
le trône. Je leur répondis que j'allais m'en
occuper, et je me rendis dans un bureau où
on disait que la gauche était assemblée. Je
dis à ces messieurs :

« Les députés du centre désirent autant
que vous la déchéance, je le tiens de leur
propre bouche. Mais ils ne veulent pas en
prononcer le mot eux-mêmes. » Les membres de la gauche me répondirent qu'ils tenaient à la chose et point au mot lui-même,
et nous convînmes d'une rédaction, qui fut
bientôt couverte de signatures et qui devint
ce qu'on appela dans le moment la proposition de M. Thiers.

« Si elle avait été votée, *et elle allait
l'être*, le Corps législatif, devenu tout à
coup populaire, pouvait retenir la révolution
dans ses mains, gérer les affaires quelques
jours, faire à l'ennemi une proposition d'armistice qui eût été probablement acceptée
(j'en ai acquis la certitude depuis), convo-

quer ensuite une Assemblée qui aurait conclu la paix et mis à nos malheurs une fin tolérable. Mais, dans le moment, survint un incident fâcheux. Quelques députés revinrent des Tuileries, d'accord, disait-on, avec le comte de Palikao pour proposer un arrangement au profit de l'Impératrice régente et de son enfant.

« Une discussion fort vive s'engagea dans les couloirs et prit plusieurs heures, heures précieuses, dont la perte devait devenir fatale. Le comte de Palikao fit, dans ce sens, une proposition à l'Assemblée, qui fut écartée avec une répulsion bruyante et presque générale.

« La proposition Palikao écartée, la mienne fut renvoyée dans les bureaux pour y être examinée et adoptée. La majorité fut considérable.

« Nous nous retirâmes dans les bureaux, dont les fenêtres donnant dans la cour étaient ouvertes. Je regardai par ces fenêtres ce qui se passait, et je vis avec un sinistre pressentiment les troupes qui partaient, sans voir arriver celles qui auraient dû les remplacer.

« La discussion commença et fut terminée dans mon bureau presque à l'unanimité par l'adoption de la proposition. On voulut alors me nommer commissaire, ce qui me conduisait à être rapporteur de la commission, et bien autre chose après.

« Je refusai péremptoirement. On insista, je résistai, et on me demanda alors qui pouvait être choisi à ma place. J'indiquai M. Dupuy de Lôme qui était présent, qui refusa d'abord et qui ne céda que sur mes vives instances.

« Nous en étions là, lorsque tout à coup nous entendîmes des cris furieux dans le corridor qui conduisait aux bureaux. La porte de notre bureau fut forcée, et une foule ardente nous envahit.

« Parmi les envahisseurs se trouvaient beaucoup d'hommes point mal vêtus. *Ce n'était pas, comme je l'ai vu à d'autres époques, une émeute faite par la populace;* loin de là. Je remarquai dans cette foule un

individu grand, assez maigre, ayant une re-
dingote brune, tout couvert de sueur, et
d'une véhémence extrême.

« M. le vice-président comte Daru. —
C'était, je crois, Régère, le membre de la
Commune.

« M. le président de la République. —
Je ne puis pas le dire, car je ne l'ai jamais
connu. Il monta sur la table, et de là commença un discours prononcé avec une
grande volubilité. Il n'y avait cependant ni
dans sa figure ni dans ses gestes rien qui
annonçât un homme prêt à se livrer à des
violences.

« Le Corps législatif avait, depuis quelques jours, conçu pour moi une sorte d'intérêt. Tous mes collègues m'entourèrent, de
peur qu'il ne m'arrivât malheur. C'était
une crainte vaine, du moins pour ce
jour-là. L'orateur véhément qui nous ha-
ranguait du haut de la table où il était
monté, bondit à ma vue, sauta à terre, et
me saisissant par la main, s'écria plusieurs
fois :

« Monsieur Thiers, sauvez-nous ! sauvez-nous ! »

« Que voulez-vous, lui dis-je, que nous fassions pour vous sauver? — Il faut prononcer la déchéance. — C'est à quoi nous travaillons, lui répondis-je; mais sortez d'abord, car nous ne pouvons pas prendre une résolution tant que vous resterez ici.

« En ce moment, M. Tachard, qui était dans un bureau voisin, craignant que je ne fusse en péril, était accouru. Il parla à nos envahisseurs, les engagea à se retirer, et comme on entendait des cris violents d'un autre côté, l'attention de la foule qui nous entourait étant attirée ailleurs, nous fûmes laissés seuls, et nous pûmes achever notre délibération, devenue du reste à peu près inutile, et, n'ayant plus rien à faire, nous revînmes à la salle des séances.

« Déjà la multitude l'avait envahie, ainsi que toutes les parties du palais. Nous restâmes noyés au milieu de cette foule pendant plusieurs heures. *Personne ne venait à notre secours, et n'y songeait, car jamais je n'ai vu une révolution accomplie plus aisément et à moins de frais.*

L'Empire avait tellement révolté les esprits par les malheurs qu'il avait attirés sur le pays, que personne n'avait pitié de sa chute et que personne n'avait la pensée d'y résister. Ses partisans eux-mêmes assistaient à ce singulier spectacle sans essayer d'y porter remède. Les partisans de l'Empire, accablés ce jour-là, réveillés aujourd'hui, se plaignent qu'on les ait renversés à cette époque, prétendant qu'en les frappant on a frappé la France. Mais pourquoi ne se défendaient-ils pas alors? Pourquoi pas un seul effort de leur part pour résister à cette révolution opérée sans aucune difficulté? par une bonne raison : *c'est qu'ils n'auraient pas trouvé quelqu'un, eux compris, qui songeât à les sauver. De violence, il n'y en avait aucune.* On se promenait, mêlé à la foule pas trop mal vêtue, qui nous appelait par nos noms, et me répétait : « Monsieur Thiers, tirez-nous de là! » A quoi je répondais que le moyen le plus sûr pour nous y aider, c'était de s'en aller, et de nous laisser pourvoir paisiblement au gouvernement du pays.

« Plusieurs heures s'écoulèrent ainsi sans que personne se présentât, ni pour nous secourir, ni pour nous violenter.

« Vers la fin du jour, la salle se trouva presque évacuée. Nous nous disions les uns aux autres qu'il fallait pourtant prendre un parti, et nous imaginâmes de nous transporter dans la vaste salle à manger de la présidence. Là, je fus entouré et chargé, ce qui dura une demi-heure, de présider ce Corps législatif, où j'avais essuyé tant d'outrages quelques semaines auparavant, et je pris une sorte de fauteuil, sur lequel je tombai accablé de fatigue et d'anxiétés de toute sorte.

« En ce moment, on nous avait appris que la gauche, en voyant la représentation nationale dispersée, s'était rendue à l'Hôtel de Ville pour y recueillir le pouvoir et le tirer des mains d'une populace que rien ne contenait. Quoi qu'en disent les partisans de l'Empire déchu, si la gauche, qui depuis quelques jours n'agissait qu'à la tribune, ne s'était pas portée à l'hôtel de Ville, le pouvoir dès ce jour même eût passé aux mains de la Commune, et Dieu sait ce qui serait arrivé! Sans doute ce qui est arrivé a été bien triste, mais si la Commune s'en était mêlée dès le premier jour, les résultats auraient été plus affreux encore, car l'ennemi victorieux, provoqué par des violences inouïes, se serait porté peut-être aux dernières extrémités de la guerre.

« Une fois réunis, on se demanda ce qu'il fallait faire. C'est le matin, hélas! qu'il aurait fallu s'adresser cette question, c'est le matin qu'il aurait fallu tâcher de conserver le pouvoir, d'improviser une loi électorale, de prononcer la dissolution et de faire arriver tout de suite une assemblée qui aurait décidé du sort du pays. Maintenant tout était perdu, ou à peu près. Tout ce qu'on pouvait faire, c'était de se mettre en rapport avec l'opposition, maintenant maîtresse de l'Hôtel de

Ville, pour savoir s'il serait possible de faire en commun quelque chose de sage et de patriotique. On songea donc à envoyer une députation à l'Hôtel de Ville ; cette députation partit et nous attendîmes la réponse qui se fit attendre assez longtemps. La réponse arriva enfin ; c'est M. Jules Favre et M. Jules Simon qui nous l'apportèrent. « On a pris « le pouvoir, dirent ces messieurs, parce « qu'on a trouvé la place du gouvernement « abandonnée ; du reste, nous n'avons que « les intentions que vous pourriez avoir vous- « mêmes ; celui de vos collègues qui vous « préside le sait bien, car il serait à notre « tête s'il l'avait voulu. »

« Quelques membres de l'Assemblée, ceux surtout qui le matin avaient résisté à la résolution qui, prise à temps, aurait prévenu de grands malheurs, étaient fort irrités contre la gauche. Je vis que les choses allaient se gâter et qu'on allait échanger des paroles très aigres. J'arrêtai ce conflit sur le champ. « Messieurs, dis-je, au milieu des désastres « du pays, il est inutile d'ajouter de nou-

« velles divisions à celles qui existent déjà.
« Ce serait une grande faute de notre part.
« Soyez prudents, dis-je à ceux qui venaient
« de prendre le pouvoir, tâchez de gouver-
« ner pour le bien ; quant à nous, nous n'a-
« vons plus rien à faire. » Dans une partie de
l'Assemblée on eut de la peine à se soumet-
tre, mais on était dans l'impuissance absolue
de résister, et montrer de l'humeur était
tout ce qu'on pouvait. La majorité, du reste,
trouva bons les conseils d'union, de paix et
de résignation que je venais de donner. On
se sépara sans rien dire. Je rentrai chez
moi, résolu à me séparer de tout, hommes et
choses, en souhaitant bien sincèrement
qu'une conduite sage et prudente du pouvoir
abrégeât et diminuât, en les abrégeant, les
malheurs du pays.

« Telle fut cette révolution que les partisans de l'Empire attribuent à la trahison, et
qui ne fut que le résultat du délaissement général qu'ils n'avaient que trop mérité, et contre lequel ils ne songèrent pas un moment à
réagir, tant ils se sentaient abandonnés. »

Voilà comment est raconté et apprécié le 4 Septembre par un homme qui blâme la forme dans laquelle s'accomplit cette révolution et qui aurait préféré, par amour de la « légalité, » qu'elle fût, jusqu'au bout, l'œuvre du Corps législatif qui l'avait commencée.

Un mot à ce propos.

Est-ce que les députés, prononçant la déchéance, ne commettaient pas un acte *illégal*, au même degré que les simples citoyens? Peut-on nier que cet acte, quoique parlementaire, fut tout aussi bien une violation éclatante et coupable de la Constitution aux yeux de ces adorateurs du « texte » qui, pareils aux médecins de Molière, aimeraient mieux voir une nation mourir selon l'ordonnance que de la voir se sauver en dehors des règles?

On dira peut-être que, parler de la sorte, c'est amnistier les coups d'État passés — et à venir. Non pas! Car un coup d'État, c'est toujours un coup de violence frappé sur le pays par quelque chef ambitieux traînant après lui des troupes « qui ne délibèrent point, » de malheureux soldats façonnés à l'obéissance passive et qu'il ferait fusiller, s'ils ne le suivaient pas... Or, quoi de plus différent qu'une journée comme ce 4 Septembre, où l'on vit la nation, fraternellement unie à l'armée, reprendre pacifiquement possession d'elle-même, revendiquer, sans bataille, avec sa liberté confisquée naguère par un guet-apens, la défense de son territoire compromise par des gouvernants insouciants ou imbéciles ?

X

Ce n'est pas seulement M. Thiers qui, s'il était sans passion contre l'Empire depuis le 2 janvier 1870, avait en somme peu de sympathie et d'estime pour le personnel de la cour, qui justifie ainsi le 4 Septembre. Il faut relire les journaux de l'époque, non les feuilles de l'opposition (leurs récits paraîtraient suspects), mais celles même le plus dévouées à la dynastie, pour voir de quelle acclamation générale furent salués la déchéance de Napoléon III et l'avènement de la République. *Moniteur universel*, *Figaro*, *Gaulois*, prenez les journaux qu'il vous plaira, vous trouverez dans tous la glorification (le mot n'est pas trop fort) d'une révolution que les mêmes hommes s'efforcent aujourd'hui, en jouant l'indignation, de faire

passer pour le plus ignoble des attentats.
Exemple :

Paris, 4 septembre.

« La déchéance de l'Empereur et de la dynastie impériale est prononcée.

« La République est proclamée.

« Grand enthousiasme dans Paris.

« La foule parcourt les rues aux cris de : Vive la République ! Vive la Nation ! Vive la France !

« Pas le moindre désordre.

« La France donne en ce moment un grand spectacle à l'Europe par cette révolution pacifique.

« Vive la France ! »

(Moniteur universel.)

Voulez-vous maintenant, recueillis par les reporters les moins souillés de républicanisme, les détails de cette grande journée? Lisez :

« Midi. — Les abords du Corps législatif sont gardés de toutes parts. Au quai d'Orsay, nous rencontrons des sergents de ville et des gardes municipaux ; rue Saint-Dominique, des soldats de la ligne et des gendarmes ; au pont de la Concorde, des sergents de ville et des gendarmes départementaux.

« Plusieurs bataillons de la garde nationale se présentent pour franchir le pont de la Concorde. L'officier de paix qui commande la tête du pont leur refuse le passage, sous prétexte qu'ils sont sans armes ; les gardes nationaux s'en retournent chercher leurs fusils.

« Pendant ce temps, la foule augmente de minute en minute, les cris de : Vive la France ! Vive la République ! la déchéance ! ne cessent de retentir.

« On entend le tambour, c'est un premier bataillon de gardes nationaux en armes, le 24e. Il réclame le passage.

« Les gendarmes parlementent un instant, puis s'écartent en souriant pour laisser place aux soldats-citoyens. On s'aperçoit alors que l'officier de paix a disparu ainsi que ses agents. Les gardes nationaux s'engagent sur le pont.

« Un second, un troisième bataillon passent également.

« Bientôt, tout le monde passe. Les braves gendarmes, émus jusqu'aux larmes, échangent des poignées de mains avec les citoyens.

« Les gardes de Paris, qui sont encore devant la grille, ne font aucune tentative pour garder l'entrée. Au contraire, plusieurs d'entre eux se penchent vers les citoyens qui passent et leur tendent la main.

« Les soldats du 30ᵉ de ligne, qui sont de garde, font de même ; ils se retirent la crosse en l'air ; plusieurs gardes nationaux embrassent les soldats ; on jure de mourir ensemble pour sauver la patrie.

« On attend dans la cour le résultat de la séance, qui, disent plusieurs personnes, va être proclamé du haut du perron ; mais il est deux heures et rien ne vient. Enfin, les portes du Corps législatif s'ouvrent. On se précipite, on s'étouffe... bien inutilement, la salle des séances et les couloirs regorgent déjà.

« A ce moment se place un fait tout à fait caractéristique. On sent sous les pieds un corps résistant. Un cri retentit : « Arrêtez, messieurs ! quelqu'un est tombé. Qu'il ne soit pas dit que ce jour, même par accident, ait coûté la vie à un citoyen ! » Et, alors, nous voyons cette foule si ardente, si compacte, s'écarter, faire place...

« Enfin, plusieurs députés arrivent, M. Picard adresse quelques paroles à la foule. Il annonce qu'un gouvernement provisoire a été établi, que l'armement des citoyens va être organisé avec toute la promptitude désirable, que les Prussiens marchent sur Paris, croyant le trouver terrifié et sans défense, tandis qu'au contraire ils le trouveront terrible et prêt à engager avec eux une lutte suprême. Il invite tout le monde à la concorde et à la résolution.

« Les plus vifs applaudissements accueillent cette allocution.

« On revient de la Chambre. La foule envahit les boulevards, on crie : Vive la France ! Vive l'armée ! Vive la République!

« Ajoutons cependant qu'à tout cet entrain-là manquait la note gaie, qui abandonne si rarement le Français. C'est que chacun songeait à la situation, qui réclame de grandes résolutions, et à notre brave armée qui attend beaucoup de notre énergie. »

. . . .

« La physionomie de Paris, le soir, a été aussi belle et aussi calme que pendant le jour.

« Une foule immense, une cohue dont rien ne peut donner l'idée ; mais aucun trouble, aucune dispute, l'entente et la joie partout et toujours.

« Plus de quarante manifestations ont défilé sur le boulevard Montmartre, de huit heures à minuit.

« Presque toutes étaient organisées par des zouaves, des chasseurs et des soldats de la garde.

« Fraternisation sur toute la ligne. Félicitons donc le peuple et l'armée de Paris. »

. . . .

« Sur les boulevards, de la Madeleine à l'Ambigu, enthousiasme indescriptible. Ce ne sont qu'accompagnements de soldats avec des chants d'allégresse, des drapeaux ornés de fleurs, et des caresses !

« Enfin, comme cette union n'offrait aucun nuage et que c'était toujours la même lune de miel qui éclairait ces rapports entre le civil et le militaire, nous ne nous sommes pas donné la peine de les constater en détail.

« Pour nous, le résumé de la journée est celui-ci : tout Paris se répandant au dehors sans un simulacre de désordre, mais aussi sans l'ombre d'un sergent de ville. »

Ainsi, la révolution du 4 Septembre forçait jusqu'à l'admiration des pires adversaires de l'état républicain !

XI

C'est qu'elle fut principalement (et là ré-
side son originalité, là est son honneur) une
explosion du patriotisme, trahi mais toujours espérant ; c'est qu'elle fut, en même
temps que la répudiation de l'Empire, une
insurrection contre l'Étranger.

Dès le 4 septembre au soir, les hommes
de l'Hôtel de Ville assignaient son vrai caractère au mouvement par cette proclamation adressée à la province :

« Le général Trochu est chargé des pleins
pouvoirs militaires.

« Il est appelé à la présidence du gouvernement.

« Le gouvernement est, avant tout,

un gouvernement de Défense nationale. »

Et , plus tard , comment s'exprimait M. Gambetta devant la Commission d'enquête sur le 4 Septembre?

« Je dois dire que la préoccupation, qui avait amené le mouvement du 4 septembre, était tellement dominante qu'on n'a pensé qu'à une seule chose : défendre Paris.

« De tous côtés on se mit à réclamer des préparatifs militaires, c'est là ce qui explique l'entrée du général Trochu dans le gouvernement. On fit appel à lui, à cause de la grande popularité dont il jouissait dans la population parisienne, et puis aussi à cause de cette préoccupation, qui dominait toutes les autres : la résistance militaire dans Paris, de sorte que le gouvernement s'est posé dès l'origine comme un gouvernement militaire. »

Nous verrons bientôt si, de ministre de l'intérieur à Paris, devenu ministre de la guerre à Tours et à Bordeaux, M. Gambetta a jamais varié dans cette façon de comprendre et d'exercer les fonctions redoutables dont l'avait revêtu l'acclamation parisienne, d'abord, ensuite le consentement universel du pays. Et nous pourrons, à cette occasion, constater une fois de plus la belle sincérité des réactionnaires. Les habiles politiques ! Comme ils savent qu'un mensonge, répété sans cesse, a chance de *passer* vérité — par droit d'ancienneté — auprès de la masse rurale, si facile à tromper ! Malheureusement pour eux, la vérité vraie ne souffre pas éternellement cette substitution effrontée, elle se révolte à la fin, elle éclate, et ces honnêtes citoyens en sont alors pour leurs calomnies, et ils ne récoltent, en somme, pour le mensonge semé à profusion, qu'une moisson de mépris et de colère !

Aujourd'hui, la moisson est faite, ils peuvent l'engranger.

XII

On voit comme les plébiscitaires de ma petite ville étaient fondés à parler de « troubles » qui auraient eu lieu à Paris. Point de coups de fusil, point de coups de sabre, pas une arrestation, — pas une scène de désordre : la France, rentrant simplement, sans fracas et sans lutte, en possession des droits dont elle avait été dévalisée en 1851, et remplaçant l'Empire, avec le même calme qu'une bourgade nomme un nouveau maire, par la République, qu'elle charge de la défendre et de repousser l'invasion.

Il faut y insister, jamais révolution ne fut bénigne à ce point, et par ce côté le 4 septembre est un événement inouï dans l'histoire des peuples. Exilés, déportés, familles des massacrés de décembre, nul ne songea, une minute, à profiter du mouvement pour exercer des représailles. L'impératrice put quitter la France, sans qu'un seul Parisien s'y opposât pour lui demander compte des effroyables malheurs que les siens — et peut-être elle-même ! — venaient d'accumuler sur le pays ; les ministres, les conseillers les plus compromis de Bonaparte, purent s'éloigner sans qu'on leur coupât la retraite.

On ne saurait trop le répéter, à la confusion des personnages, alors épargnés, qui ont aujourd'hui l'audace de se poser en victimes : la clémence du peuple n'eut d'égale que sa résolution d'arrêter, par une résistance formidable, l'avalanche prussienne, et de faire de Paris le bouclier, le rempart de la nation tout entière. On ne pensa pas à châtier les coupables, ni même à les rechercher, mais simplement à sauver cette pauvre France qu'ils avaient perdue. Un seul sentiment dans tous les cœurs : l'amour de la patrie ; une seule parole dans toutes les bouches : le serment de consentir à tous les sacrifices, de faire l'impossible pour rejeter l'envahisseur par-dessus la frontière.

Quel homme sincère contestera cet admirable caractère de la journée du 4 septembre?

XIII

Aussi, quand on connut chez nous de quelle manière s'était accomplie cette révolution, attendue comme l'unique et suprême instrument de salut, ce fut une approbation *unanime*. Je ne me rappelle avoir entendu, à cet égard, aucune protestation, hormis celle d'un jeune fonctionnaire, qui voyait exclusivement dans la chute de l'Empire une menace pour la petite situation qu'il occupait.

Les campagnes, qui, après les premières défaites, ne pouvant croire que leur Napoléon eût été vaincu par sa propre folie et qu'il eût préparé de ses mains insouciantes le désastre national, attribuèrent tout d'abord nos malheurs aux adversaires de l'ami de la Providence, n'étaient pas moins ar-

dentes que la ville à maudire un gouvernement qu'elles avaient tant de fois acclamé.
La vérité venait de jaillir brusquement dans
les moindres hameaux. Le mot n'était plus
« l'Empereur a été trahi, » mais « l'Empereur a trahi, » parole infiniment juste et
tout à fait vraie. N'est-ce pas, en effet, trahir
son pays, quand on le gouverne pleinement
comme Napoléon III, que de créer, grâce à
la diplomatie incapable et légère qu'on a
soi-même nommée, un *casus belli* ; — puis,
la guerre étant possible, mais non inévitable, de la déclarer avec des troupes faibles
par leur effectif, une intendance mal organisée et laissée sans instructions, des forteresses armées à peine, une artillerie de campagne insuffisante en canons comme en
chevaux, des approvisionnements et des
munitions dérisoires, — et cela quand on
veut attaquer des forces aussi nombreuses,
aussi bien encadrées, aussi merveilleusement
outillées, que les forces prussiennes?

« L'Empereur a trahi, » disaient les paysans, et, disant cela, ils prononçaient un

jugement qui, dans sa brièveté brutale, montrait la cause réelle de nos défaites.

Les bonapartistes, qui réclament avec injures l'appel au peuple, s'apercevraient aisément, le jour du plébiscite venu, que le déluge de leurs petites brochures n'a pu noyer l'incontestable vérité, ainsi formulée par les campagnes au lendemain de Sedan.

Qu'on fasse le plébiscite quand on voudra, la République [1] ne le redoute point. Mais, soyez-en persuadés, ces prétendus impatients ne le demandent avec tant d'insis-

1. Si j'ai la certitude, comme, d'ailleurs, tout le monde, que la République sortirait triomphante (et à une immense majorité) de l'épreuve plébiscitaire, je repousse néanmoins ce mode de consulter le peuple, faire voter sur les mots : Empire, Royauté, République, étant clairement absurde, car il n'y a pas qu'une sorte d'Empire, qu'une façon de Royauté, qu'une manière de République. — Il saute aux yeux que l'élection d'une Constituante, nommée expressément pour constituer, est un mode très supérieur, ou, mieux, le seul digne d'hommes civilisés par la raison que le candidat pouvant être minutieusement interrogé sur la conception particulière qu'il a de la meilleure organisation consti-

ance que parce qu'ils savent bien que l'Assemblée ne l'accordera pas. Seraient-ils penauds, si on les prenait au mot ! MM. Granier de Cassagnac et d'Albuféra auraient beau siéger, à ce moment, dans le Conseil, cela ne changerait absolument rien au résultat :

« Non ! nous ne voulons plus ! l'Empereur a trahi. »

Hélas ! messieurs, les broderies de vos préfets ont perdu leur éloquence. Elles ne convaincraient plus un enfant. L'expérience de l'Empire est faite et parfaite pour les moins intelligents, pour les plus faciles à duper. La campagne sait trop ce que les Prussiens ont tué de paysans dans les plaines de l'Alsace et de la Lorraine, elle sait trop combien Bonaparte et Bazaine ont livré de ses fils les plus beaux, les plus vigoureux,

tutionnelle, cela permet aux citoyens de savoir ce qu'ils font et de faire ce qu'ils veulent ; bref, de *choisir* intelligemment. Le plébiscite, c'est le vote aveugle ; l'élection, le vote clairvoyant.

aux prisons de l'Allemagne, pour y périr ou y prendre les implacables maladies qui les ont achevés au pays natal... Que de sang, que d'argent vous avez tiré au village! Le village ne l'oubliera jamais. Et ce ne sont point la formule « tout pour le peuple et par le peuple » mise dans la bouche de l'enfant impérial, ni les parades démocratiques du respectable oncle Jérôme qui lui feront perdre la mémoire. Adieu palais, chasses fastueuses, voitures de gala, maîtresses de luxe, tableaux vivants ! adieu l'insolence joyeuse et sûre du lendemain ! c'est fini de rire... car les campagnes ont trop souffert, car les campagnes ont trop pleuré.

Et tenez, quand, sur la place de ma petite ville, les paysans saluèrent, en agitant leurs vastes chapeaux ronds, la République naissante, savez-vous ce qu'ils acclamaient surtout ce jour-là, à travers le grand cri démocratique ? C'était la déchéance de l'Empire, l'expulsion du pouvoir de celui qui les avait si cruellement trompés, eux, les hommes du travail et de la paix.

Vive la République ! dans leur bouche, signifiait tout simplement : Maudit soit l'Empereur !

Depuis, leur éducation s'est faite ; ils aiment pour elle-même cette République, qu'il a fallu bien du temps pour faire entrer dans leurs esprits défiants, rebelles à toute nouveauté, mais qui, une fois gagnés, gardent et défendent obstinément la croyance adoptée. Aussi, des régiments entiers de réactionnaires peuvent se mettre en branle et tenter l'assaut des villages, les républicains sont tranquilles ; toutes les stratégies, même les plus savantes, échoueront devant la résolution du paysan, qui maintenant *a son idée* et n'en démordra point.

Il ne crie pas, le paysan, il ne *manifeste* guère ; — il ne mettra pas à la porte les courriers de la réaction quand ils lui porteront à domicile les bulletins des « honnêtes gens ; » au contraire, il les accueillera poliment, peut-être même leur offria-t-il un verre de vin ; dans tous les cas, il aura la délicatesse de serrer, devant eux, comme chose précieuse, les bulletins offerts dans *le tiroir qui ferme*. Seulement, le jour venu, e tiroir ne s'ouvrira pas. Ce sont les autres, « les bons, » comme il dit, qu'il mettra dans l'urne. Or, par « les bons, » il entend les bulletins où l'on verra les noms des hommes qui demandent que le suffrage universel soit le maître, qu'il désigne les gouvernants de la commune et les gouvernants de l'État ; qu'on donne l'instruction à tous ; que les capitalistes, qui ne produisent pas, payent l'impôt comme les propriétaires et les colons, comme les industriels et les ouvriers qui produisent ; et que le service militaire soit nettement obligatoire pour tous.

Voilà pourquoi les républicains sont tranquilles, voilà pourquoi ils attendent en souriant le résultat final, sous le feu des calomnies et des injures d'une réaction rendue furieuse par son impuissance, et dont les canons de bois, imités de l'armée chinoise, ne tuent personne, mais, en revanche, nous amusent infiniment par leurs petites détonations ridicules.

XIV

Il faut l'avouer, les Prussiens étaient plus redoutables.

Aussi, se montrait-on fort inquiet chez nous de voir le nouveau gouvernement se restreindre à la défense de Paris, comme s'il eût pensé que, non le plus grand effort seulement, mais l'unique effort de l'ennemi visât la capitale et que les troupes allemandes dussent nécessairement défiler à travers ses rues pour arriver au cœur de la France. Oubliait-il donc que l'armée envahissante était, pour ainsi dire, innombrable, et qu'une partie allait déborder sur les départements, qui n'avaient plus même leurs mobiles pour lui faire obstacle ? Encore une fois, nous étions très inquiets, nous nous demandions à quoi songeait la République de ne pas constituer immédiatement la résistance en province, comme l'avait demandé, dès le début, avec son grand bon sens, le ministre de l'intérieur Gambetta[1].

On avait, il est vrai, deux ou trois jours avant l'investissement de Paris, délégué à

1. « Cette résistance à Paris ne me sembla pouvoir être efficace qu'à la condition que la province s'y associerait. J'entendais tous les jours dire au conseil qu'il fallait une armée de secours, et je n'apercevais pas d'où elle pouvait sortir.

« J'avais réclamé, dès l'origne, que le gouvernement tout entier sortît de Paris ; je ne comprenais pas qu'une ville qui allait être assiégée et bloquée, et, par conséquent, réduite à un rôle purement militaire et stratégique, conservât le gouvernement dans son sein ; je demandais que tout au moins le ministre des finances, le ministre de l'intérieur, le ministre de la guerre, le ministre des affaires étrangères, sortissent de Paris et allassent constituer le gouvernement en province.

« Je crois que, parmi les faiblesses qu'on a pu avoir, celle-là est capitale, et je suis convaincu que les choses auraient tout autrement tourné si le gouvernement, au lieu d'être bloqué, avait été un gouvernement agissant au dehors. »

(Commission d'enquête sur les actes du Gouvernement de la Défense nationale. — Déposition de M. Gambetta.

Tours MM. Fourichon, Crémieux et Glais-Bizoin. Dieu me préserve de contester le patriotisme de ces hommes honorables et distingués ! L'estime publique est acquise à jamais à ce garde des sceaux, répudiant, au nom de la justice française outragée, les tristes magistrats qui se prostituèrent dans le mauvais lieu des commissions mixtes ; — et pour ma part, je n'ai pas oublié le visage défait et les larmes de l'amiral Fourichon, quand il apprit la désespérante capitulation de Paris... Mais, enfin, soit à cause de leur âge avancé, soit pour d'autres raisons, les délégués à Tours demeuraient au-dessous du gigantesque labeur que réclamait l'enfantement de la défense dans les départements, où rien n'était fait, où tout était à créer.

1. « Lorsque, le 16 septembre, la délégation du gouvernement arriva à Tours, il n'existait plus, dit M. de Freycinet dans son livre *la Guerre en province*, un seul régiment d'infanterie, ni de cavalerie, point d'artillerie; on ne comptait à ce moment, dans toute la France, que *six pièces* prêtes à entrer en ligne : les autres manquaient de leurs attelages, de leur personnel, et beaucoup de leurs affûts. »

Quelle tâche! il fallait, pour y réussir, joindre à une prodigieuse puissance de travail un talent d'organisateur hors ligne, à la sûreté, à la promptitude dans la conception l'énergie dans la mise en œuvre, et disposer en même temps de cette popularité ou, mieux, de cette autorité personnelle qui, tout de suite, entraîne l'obéissance générale.

Un ministre avait tout cela.

Ce ministre, que le gouvernement aurait dû donner à la province dès le 4 septembre, ne se mettait en route que plus d'un mois après. Parti en ballon, de Paris, le 8 octobre, il prenait terre le même jour dans la forêt d'Épineuse, près Montdidier, à quelques cents mètres des Prussiens, et il arrivait à Tours le surlendemain, 10 octobre.

Il s'appelait Gambetta.

Vous souvient-il, mes amis, avec quelle joie fut accueillie la dépêche annonçant la venue de l'ardent citoyen, du patriote inspiré? Comme on renaissait, comme on reprenait confiance et courage! « Enfin, le voilà ! s'écriait-on ; on va donc faire quelque chose, on va donc se défendre ! » Tous étaient avec lui, pour lui, derrière lui, — *tous*. Qu'ils osent dire le contraire, ces hommes qui, se contentant alors d'être Français et ne voyant rien hors la France, acclamaient avec nous l'arrivée de Gambetta, et qui, depuis, se sont si vaillament déshonorés en insultant à une des plus pures, des plus hautes incarnations du patriotisme français !

Lui venu et son indomptable énergie, c'était la guerre à outrance, mais, au bout, sinon la victoire remportée, du moins l'honneur du pays gardé ; ils le savaient, et ils disaient : « Tant mieux ! Nous la voulons tous, cette guerre sans merci ; » et maintenant ils assurent que c'est un crime de n'avoir pas imploré la paix après Sedan[1] !

1. « Qu'on relise la belle déposition du général Chanzy (devant la commission d'enquête sur les actes du Gouvernement de la Défense nationale), celles du général Bourbaki et de tous les hommes sérieux qui ont été en rapport avec la délégation

Gambetta ajournait indéfiniment les élections. « C'est bien, disaient-ils toujours, il a raison, il faut écarter tout ce qui serait de nature à diviser les citoyens. La défense avant tout, rien que la défense ! » Et maintenant ils crient que c'est une infamie, un odieux attentat contre la souveraineté nationale de n'avoir pas fait les élections le 16 octobre 1870 !

Mais à quoi bon insister, et qui jamais comptera les démentis que ces gens-là passent leur vie à se donner à eux-mêmes ?

de Tours et de Bordeaux, pour les choses militaires ; elle y est représentée comme animée du désir le plus sincère et le plus patrtotique de résister à l'invasion. Il peut être commode de dire aujourd'hui qu'il fallait faire la paix au 2 septembre. La vérité est qu'alors l'opinion publique s'est prononcée énergiquement pour la continuation de la guerre. »

(*Moniteur universel* du 18 décembre 1873.)

XV

Quel était donc cet homme, dont la venue
excitait à ce point l'espérance française et
maintenait ainsi les courages, tout près de
s'affaisser? Mon Dieu! la patrie le connaissait à peine, c'était un homme tout nouveau. Par deux fois seulement il s'était ré-
vélé : en 1868, lorsque, dans le procès
intenté à de nobles citoyens pour avoir évo-
qué la mémoire d'un représentant du peuple
tué en défendant la constitution, il prit à
partie, — avec une éloquence vengeresse
qui terrifiait sur leurs sièges les juges de
Bonaparte, — le 2 Décembre, l'Empire et
l'Empereur ; en 1870, quand, huit jours avant
le plébiscite, il établit si péremptoirement
que Suffrage univrsel et République sont
deux termes inséparables et comme syno-

nymes, devant une Chambre hostile, irritée, mais qui l'écouta quand même, domptée par une autorité qu'il signifiait du premier coup à ses adversaires les plus résolus.

C'est qu'ils n'avaient point affaire seulement à un orateur éclatant et fougueux, servi par un organe aussi juste que puissant. Pour jaillir d'une inspiration abondante et bouillonnante, cette éloquence ne se répandait pas au hasard, elle s'en allait, d'un cours réglé par la raison, vers la conclusion méditée et voulue. Nature d'artiste et cœur chaud, Gambetta n'en est pas moins, en effet, éminemment pratique; il se possède pleinement, il se conduit où il doit, sans rien sacrifier, d'ailleurs, de son aisance et de sa liberté d'allures : ne s'attardant point dans les hors-d'œuvre, où l'invitent naturellement, semble-t-il, et sa vaste imagination et l'instruction dont il déborde, mais n'hésitant pas non plus à prendre par ces digressions opportunes qui, pour paraître allonger la route, ne mènent que plus sûrement au but proposé. Bref, il estime que ce n'est pas tout d'émouvoir ou de charmer, il trouve plus digne, plus viril, de convaincre... Aussi, le discours achevé, les députés ne savaient-ils ce qu'ils devaient le plus remarquer, de ce bon sens élevé, de cette logique serrée, de cette argumentation agile autant que vigoureuse, de cette dextérité surprenante, ou de ces grands coups d'éloquence et de cette forme si précise dans son ampleur et sa richesse, si pittoresque dans sa gravité.

Puis, quelle modération sous son énergie! En cet homme, on le sentait bien, nul fiel, nulle haine. Navré de voir où l'on précipitait son pays bien-aimé, il s'en plaignait avec une douleur indignée, mais clémente, qui, loin de rebuter ses adversaires, aurait dû les ramener, si le miracle eût été possible. Au moins, à défaut d'une approbation ostensible, emporta-t-il de haute lutte leur sympathie et leur respect.

L'impression produite par ce discours, considérable au Corps législatif, fut immense dans le pays, et je me rappelle de quel ton déférent on parla désormais de Gambetta chez nous, même parmi les fidèles de l'Empire. Il avait conquis d'emblée cette primauté, réservée d'ordinaire au dévouement expérimenté pendant de longues années et à l'accumulation des services rendus. Certes, il y avait, dans la gauche parlementaire, bien des talents, bien des hommes dont la vie s'était écoulée à glorifier la Démocratie ; et, pourtant, voilà — qu'on me passe l'expression — voilà que chacun flairait déjà, dans le nouveau venu, le vrai guide, le véritable homme d'État de la France républicaine.

Ce qui lui gagna, dès le début, la sympathie universelle, ce qui lui créa tout d'abord ce prestige singulier, c'est que, chez lui, je le répète, la rigidité des principes n'exclut point la mansuétude envers les personnes. En Gambetta, rien d'étroit, rien du sectaire. Animé pour son pays de l'affection la plus intelligente, son noble désir est d'ouvrir la République à tous ceux qui, méconnaissant naguère la valeur des institutions démocratiques, viennent sincèrement à nous aujourd'hui pour nous aider de leur influence et de leur bonne volonté. Elles sont de lui, ces paroles généreuses :

« ... Je dis et je répète que, parmi ces voix plébiscitaires, ils étaient nombreux les esprits honnêtes, loyaux, qui ont été abusés, car ils voulaient la suprématie des principes de 89 dans la société démocratique ; ils voulaient l'égalité devant la loi ; ils voulaient l'instruction assurée, l'impôt du sang obligatoire, la diminution des privilèges du clergé et la répartition équitable des charges publiques : c'étaient des gens trompés qui croyaient à la suite de la Révolution, et qui croyaient possible l'alliance adultère de l'Empire et de la Démocratie. Par conséquent, nous avons le droit de les revendiquer. Instruits par le malheur, débarrassés des suggestions napoléoniennes, ils sont de droit, de sentiment, acquis à la cause de la République et de la Démocratie. Oui, j'ai cette conviction qu'à part la bande dorée des parasites qui, depuis vingt ans, avait mis la France en coupe réglée, à part les conducteurs de la mascarade impériale, le suffrage universel, dans ses masses, s'est laissé tromper.

« Donc, soyons avec eux d'une parfaite tolérance pour le passé ; ne récriminons pas ; qu'ils entrent dans nos rangs, et poursuivons ensemble la réalisation d'idées qui n'ont couru de périls que par leur égarement aujourd'hui dissipé. »

(Saint-Quentin, 16 novembre 1871.)

Quelles instructions envoyait-il à ses préfets, au lendemain du 4 septembre ?

« La défense, d'abord ! Occupez-vous de la défense. N'hésitez pas à maintenir les conseils municipaux, élus sous l'Empire, qui se montreront prêts à vous seconder dans cette grande œuvre. Bornez-vous à briser ceux qui, par leur mauvais vouloir déclaré ou par leur inertie, pourraient la compromettre. »

La défense nationale, voilà quelle fut son

unique préoccupation, de Sedan jusqu'à l'armistice, et il *se racontait* fidèlement, quand, au banquet que lui offrit la ville de Périgueux le 29 septembre 1873, il s'écriait avec tout son cœur :

« Ce n'est pas nous, qu'on le sache bien, qui avons jamais distingué la couleur des drapeaux qui marchaient à l'ennemi ; non, jamais, je le déclare hautement, une pensée aussi impie ne m'est arrivée à l'esprit !

« C'est pour cela que je suis profondément humilié, pour l'honneur et pour le renom de ma patrie, de voir s'élever autour des républicains qui ont servi la France, je ne sais quelles susceptibilités jalouses, je ne sais quels ombrages mesquins du genre de ceux que l'on témoigne aujourd'hui. Aussi, Messieurs, en ce moment même, si un devoir impérieux s'impose à vous, c'est le souvenir de ceux qui manquent ici ; c'est à ceux-là qu'il faut porter un toast, non pas au nom d'un parti politique, mais au nom du sentiment national, au nom de la France tout entière.

« Messieurs, après les défaites que nous avons essuyées et qu'il faut maintenant réparer, le sentiment qui doit dominer dans nos cœurs, qui doit nous exciter et nous soutenir, c'est le sentiment de la patrie; et si j'avais pu croire que ma présence à ce banquet, où vous m'avez convié, devait avoir pour effet d'en exclure les représentants de la vaillance française, les défenseurs du drapeau français, ceux qui n'ont jamais faibli, ceux qui n'ont jamais capitulé, ceux qui n'ont jamais rompu d'une semelle [1]...

« Si j'avais pu penser, dis-je, que ma présence pût entraîner leur exclusion de ce banquet, oui, malgré la joie profonde que j'éprouve à presser la main fraternelle de cette démocratie qui est ici réunie et à laquelle j'ai voué toutes mes forces, toute mon intelligence, — je ne serais pas venu.

1. Allusion à l'absence du général Carré de Bellemarre et du colonel Teyssier, le ferme défenseur de Bitche, qui, tous les deux invités au banquet, durent, par ordre supérieur, s'abstenir d'y paraître.

Je ne serais pas venu parce qu'il y a quelque chose qui m'importe plus que nos fêtes républicaines, c'est le rôle, c'est la mission, c'est la place de ceux qui représentent la vaillance de la patrie devant l'étranger.

« Ils seraient des calomniateurs, tous ceux qui interpréteraient mes paroles autrement qu'elles ne doivent l'être. Je ne les prononce pas dans un mesquin intérêt de parti, je les dis parce qu'il y a quelque chose de supérieur à la République, de supérieur à la liberté de la pensée, c'est la France, c'est l'indépendance de la France, c'est la passion, c'est la religion de la France! La France résume tout pour moi : liberté de la raison, progrès et justice, République; tout cela, c'est la France; voilà pourquoi il n'y a rien, il ne peut rien y avoir au-dessus d'elle! »

Ainsi parla-t-il, et nous allons voir si les actes n'avaient pas précédé les paroles.

XVI

M. Gambetta arrivait en province, à la fois comme ministre de l'intérieur et comme ministre de la guerre. Ce double fardeau ne pouvait être divisé, et l'on eut raison d'en charger un seul homme : l'administration intérieure et l'organisation de la défense étaient choses inséparables, évidemment; pouvoirs civil et militaire devaient être réunis dans la même main ; préfets et généraux devaient obéir à la même impulsion, puisqu'ils avaient à concourir au même résultat et que les citoyens, mis à la tête des départements, étaient, avant tout, les agents de la Défense nationale.

M. Gambetta, ministre de la guerre et ministre de l'intérieur, avait deux missions : faire la guerre à l'étranger et assurer la paix entre les Français, — cette paix étant indispensable pour mener cette guerre.

Si, dans plusieurs départements, l'ordre ne fut pas complètement respecté, accident inévitable dans la surexcitation produite par des événements aussi prodigieux, il fut restauré bien vite, grâce à la décision du nouveau ministre ; et ce n'est pas sans une légitime fierté qu'il a pu s'en vanter devant cette commission d'enquête, peuplée d'ennemis auxquels il imposa dès les premiers mots avec l'autorité naturelle que j'ai déjà signalée, et qui, tout de suite, commande, non seulement l'attention, mais le respect.

Pour rétablir l'ordre, il ne lui fallut pas trois semaines, « quinze à dix-huit jours suffirent, » comme il a dit, et il ajoutait, sans que nul de ces enquêteurs passionnés osât le contredire ou même l'interrompre : « Je n'ai pas besoin d'insister sur la façon dont j'ai procédé, soit à Marseille, soit à

Saint-Étienne, soit à Toulouse; ce que je constate, c'est qu'au bout de très peu de temps, l'autorité du Gouvernement était partout reconnue, respectée, obéie, que le programme séparatiste était anéanti, et qu'on ne parlait plus de ligue, ni du Midi, ni d'ailleurs; cet ordre parfait s'est maintenu jusqu'à ma démission, c'est-à-dire jusqu'au 30 janvier 1871. »

Et de quelles forces disposait-il pour maintenir ou rétablir l'ordre? D'aucunes. Il n'avait point, dans ces grandes villes où parfois quelque sédition menace, de régiments prêts contre l'émeute... Il lui suffisait de préfets, comme Challemel-Lacour, qui, à Lyon, par son énergie froide et tenace, intimidait les artisans de guerre civile; comme cet admirable Alphonse Gent, qui, le soir de son arrivée à Marseille, recevant une balle dans le ventre en plein salon de la Préfecture, avait dompté, dès le lendemain, rien que par son courage personnel, les plus frénétiques et les plus absurdes.

Ah ! Gambetta avait une manière à lui de faire l'ordre ! Il le faisait avec cette passion de dévouement et de patriotisme qu'il savait si bien communiquer aux agents de la République.

XVII

Ce qu'il accomplit dans ses trois mois et demi de *Dictature* (nous verrons quel dictateur c'était) passe toute croyance. La tâche assumée par lui était presque surhumaine, en effet, non seulement à cause des circonstances formidables dans lesquelles il acceptait le pouvoir, mais encore parce que les deux grands ministères, dont la direction lui incombait, n'avaient, surtout celui de la guerre, qu'un personnel insuffisant, même en temps normal. Ce n'étaient, proprement, que des fractions, des fragments de *bureaux* qui furent envoyés à Tours.

Il fallait toute l'activité, toute l'aptitude administrative et la faculté d'improvisation qui distinguent M. Gambetta ; il fallait aussi le don, qu'il possède à un degré vraiment

étonnant, de pénétrer les autres de sa conviction, pour suppléer à tant d'éléments qui
faisaient défaut, en décuplant, avec ses propres forces, celles de ses compagnons de
travail.

Et, puisque l'occasion m'en est offerte, je
regarde comme un devoir étroit de rendre
hommage à ses trois collaborateurs immédiats, MM. de Freycinet, Spuller et J. Cazot : à l'ingénieur de Freycinet, le délégué
à la guerre, si haut prisé des généraux les
plus compétents et les plus sérieux, en Allemagne comme en France, pour le génie
d'organisation qu'il déploya d'octobre 1870
à février 1871, et qui certainement, si l'Assemblée nationale avait l'honneur de le
compter parmi ses membres, s'y montrerait
un des premiers ouvriers, sinon le principal,
de notre restauration militaire[1] ; — à M. Ju

1. Voici comment s'est exprimé devant la commission d'enquête le général Borel, chef d'état-
major de d'Aurelles de Paladines, jusqu'à la défaite
d'Orléans ; chef d'état-major de Bourbaki, à l'armée
de l'Est, et depuis chef d'état-major général de

les Cazot, aujourd'hui représentant du peuple, alors secrétaire général du ministère de

l'armée de Versailles, — lequel n'est certes pas républicain — : « Il faut rendre justice à l'administration de la guerre du 10 octobre (date de l'arrivée à Tours de M. Gambetta). Elle a rendu de très grands services et fait tout ce qu'il était matériellement possible de faire.... Je doute qu'aucune administration eût pu faire plus que ce qu'elle a fait. Il y a eu un homme qui, sous le titre modeste de délégué à la guerre, a rendu d'immense services, dont on ne lui est pas reconnaissant parce qu'il n'a pas réussi. Depuis, cet homme s'est effacé; c'est à lui que nous devons l'improvisation de nos armées. — *M. le Président.* Quel est le nom de celui que vous voulez désigner ? — *Le général Borel.* M. de Freycinet. » Et le général termine par ces mots : *Comme improvisation d'armée, comme création, je doute qu'une administration quelconque pût faire autant que celle-ci a fait.* »

Que dit, d'autre part, M. Perrot, député de la droite, dans un rapport qui voudrait bien être écrasant pour la délégation de Tours? Il est forcé d'avouer « que, pendant les trois mois et demi qu'a duré le pouvoir de M. Gambetta, des efforts considérables, énormes même, sous certains rapports, ont été entrepris et réalisés pour essayer de résister à la formidable invasion qui étreignait la France, et que M. de Freycinet était parfaitement autorisé à énumérer, dans le livre qu'il a publié, les résul-

l'intérieur, le citoyen à la conscience antique, le juriconsulte au jugement solide, à la
forte science, qui, après les jours, donnait
les nuits à ses fonctions ; — à M. Spuller,
qui partagea tous les travaux, toutes les fa-
tigues de M. Gambetta, et dont la pénétra-
tion politique, l'imperturbable présence
d'esprit, la connaissance des hommes et les
habitudes laborieuses font un ami si pré-
cieux dans le conseil et promettent à la République un serviteur éminent.

Autour d'eux, près du ministre, et toujours sous sa main, ce qu'on nomme le *cabinet,* composé de quelques jeunes gens, prêts
à toute heure, se relayant pour passer les

tats vraiment extraordinaires qui ont été obtenus
sous son impulsion personnelle, secondant celle de
M. Gambetta. » Plus loin, le même Perrot confesse,
à sa grande douleur, que MM. Gambetta et Freycinet ont réussi, en trois mois et demi, « à mettre
sur pied plus de six cent mille hommes, munis de
quatorze cents bouches à feu, le tout réparti entre
douze corps d'armée, et que ces soldats improvisés,
surgissant, pour ainsi dire, du sol de la patrie, ont
pu être suffisamment armés et équipés pour être
opposés à l'ennemi. »

nuits et que, sûr de leur dévouement à la patrie, le ministre avait appelés dès le premier jour. Ils travaillaient d'arrache-pied, et, comme on dit, ils ne plaignaient pas leur peine. Il est vrai que, pour se refaire, ils s'adonnaient à des orgies somptueuses, dont M. Janvier de la Motte lui-même n'a pas d'idée, ainsi que l'ont certifié les plumes véridiques de l'*Ordre*, du *Pays* et autres feuilles également respectables.

XVIII

A peine arrivé, Gambetta, sans se désintéresser de l'administration civile, se voua principalement à la création des armées, à l'organisation de la résistance : il devait rester surtout, et il ne l'oublia jamais, l'homme de la Défense nationale. « Les décrets se succédèrent avec rapidité : nomination de généraux et d'intendants, appel sous les drapeaux de toutes les masses mobilisables, réorganisation des cadres, il fallait pourvoir à tout, et le jeune ministre fit face à des besoins si pressants et multipliés avec une activité fiévreuse. En un mois, la première armée de la Loire, qui avait été forcée de reculer devant les Bavarois à Orléans, était parfaitement réorganisée et prête à rentrer en ligne. Il avait fallu briser bien des résistances, avoir raison de la mauvaise volonté de bien des chefs militaires, mais Gambetta avait enfin réussi à imposer sa manière de voir, et la victoire de Coulmiers (9 novembre 1870) vint le récompenser de ses efforts... Au moment de la signature de l'armistice, Gambetta avait réussi à organiser trois armées qui, repoussées sans cesse, mais se reformant toujours à quelques lieues en arrière, tenaient encore la campagne. »

> (*Grand Dictionnaire universel du XIX*e *siècle.*)

Au fort de la lutte, le *Spectator*, journal d'Angleterre, — un pays où l'on nous aime avec modération cependant ! — disait de M. Gambetta :

« Il est évident qu'il possède à un degré extraordinaire la faculté de s'imposer. Il avait à gouverner immédiatement le corps le plus exigeant et le plus indépendant du monde : les généraux de l'ancienne armée française, des hommes qui l'abhorraient comme républicain, le détestaient comme *pékin*. Et, pourtant, dès le moment où il a pris le pouvoir à Tours, personne, dans toute la France, n'a contesté sérieusement son autorité. Le Trésor était vide, il l'a rempli; les arsenaux étaient à moitié vides, et, à l'heure qu'il est, une grande armée, deux armées peut-être, ont de l'artillerie, des chevaux et des artilleurs... Les difficultés à surmonter étaient énormes. Sous l'Empire, les officiers s'étaient habitués à une tolérance excessive; ils n'osaient plus donner un ordre désagréable. La tradition de l'obéissance avait complètement disparu. S'élevant à la hauteur de la situation, l'avocat énergique qui, pour le moment, représente la France, a décrété que, dans cette heure suprême de danger, tout soldat coupable de désobéissance, d'insubordination ou de pillage, serait puni avec la dernière rigueur. De tous ces décrets, il est résulté que la France a maintenant une armée qui peut livrer bataille en rase campagne. — Nous avons recueilli tous ces faits dans les lettres d'hommes qui sont hostiles à M. Gambetta, qui le regardent comme un ennemi de l'armée, un parvenu, un fou ! »

Plût à Dieu que la capitale eût possédé un tel fou ! Car, suivant la parole du général Faidherbe, qui sait si, quittant Paris, Gambetta avait pu se dédoubler et y laisser un autre lui-même, qui sait si les événements n'eussent pas tourné à notre avantage ?

Hélas ! au gouvernement de Paris il manquait la foi, d'où naissent les décisions énergiques et les promptes audaces, indispensables dans les extrémités comme celles où notre pays se trouvait réduit.

XIX

C'est dans cette foi profonde que Léon Gambetta trouva la force d'accomplir la mission dont la France l'avait chargé, et sous laquelle il ne fléchit pas une minute : là me fut prouvé réellement comme l'esprit mène le corps et le peut rendre capable d'un héroïsme de fatigue tout à fait inconcevable. Quand j'y songe, en effet, quand je rassemble mes souvenirs, moi qui ai vu cet homme à l'œuvre pendant les trois mois et les trois semaines qu'a duré son double ministère, je ne comprends pas, je m'émerveille qu'il ne soit point mort à la peine.

Je ne crois pas qu'il ait reposé plus d'une heure par nuit, en moyenne, du 10 octobre au 30 janvier. Sans cesse réveillé (*réveillé?* quel euphémisme !) par les dépêches qui arrivaient en foule, d'une à quatre heures du matin, soit des armées, soit des préfectures, et auxquelles il fallait souvent répondre séance tenante ; — parfois même obligé de partir brusquement pour les camps, où l'appelaient les courages à remonter, les dissentiments entre généraux à apaiser ; se multipliant à l'infini ; toujours prêt, toujours debout ; n'ayant pas le temps de dormir, prenant à peine celui de manger, tant il avait l'inquiétude constante de la patrie, non ! on ne se doute pas de ce que le rude citoyen a dépensé de forces au service de la France.

Quelques plumitifs assurent cependant (ils savent le contraire, bien entendu) que Léon Gambetta, se berçant dans une indolence de dilettante, avait une préoccupation unique : limer des proclamations littéraires, prononcer d'éloquents discours, parader devant la foule en acteur affamé de triomphes ; qu'il se prélassait, enfin, dans une sorte de dictature artistique. Rien de plus faux. Nul, plus que lui, ne répugne aux vaines exhibitions. Combien de députations, arrivées de tous les points de la France pour le haranguer, n'ont pu le voir, même un instant et comme à la dérobée ! C'est qu'il ne voulait pas donner une minute à l'inutile, c'est que, devant tout son temps à la conduite de la défense, il ne se sentait pas le droit de s'éparpiller en paroles ; qu'il tenait à travailler pratiquement, dans le recueillement du cabinet, à l'œuvre colossale dont le pays lui avait confié l'accomplissement.

M. Spuller ou quelque autre recevait les délégations, et ces patriotes, venus de loin, souvent des extrémités de la France, comprenant qu'il ne fallait pas *déranger* le ministre, n'insistaient pas et partaient sans se plaindre de ne l'avoir point vu.

Il parla deux fois au peuple, telle est la vérité, une fois à Tours, l'autre à Bordeaux ; à Tours, lorsque, d'une voix que la joie faisait tremblante, quand, pâle, débordant d'émotion, toute son âme dehors, il annonçait à la population tourangelle la fameuse sortie du général Ducrot, qui avait juré, à la manière antique, de ne rentrer que mort ou victorieux. Et, sous sa parole, comme les cœurs battaient! Comme les yeux s'emplissaient de larmes fières et douces! On se croyait déjà sauvé, l'on se disait : « Nous serons à Paris au jour de l'an »... Je vois encore Steenackers, le directeur général des postes et des télégraphes, traverser la pièce où je travaillais, tout courant, agitant la dépêche, pleurant et riant à la fois, et criant : le ministre! le ministre! — On n'oublie pas ces choses-là.

L'ivresse fut courte. Un nouveau télégramme nous dégrisa bien vite : le général venait de rentrer dans Paris, vivant et point victorieux.

XX

Au jour de l'an on n'était point à Paris.
Au contraire : obligée de s'en éloigner encore davantage, la délégation avait fait retraite sur Bordeaux le 10 ou 11 décembre,
moins Gambetta, qui, en quittant la ville de
Tours, s'était rendu aux armées de l'Ouest
et de l'Est. Il ne rejoignit ses collègues,
dans la cité girondine, que la nuit du 31.

Le lendemain, 1er janvier, la population,
le sachant arrivé, commença d'affluer, vers
une heure, de la rue Sainte-Catherine à la
Garonne, et couvrit bientôt de ses nappes
énormes la vaste avenue du Chapeau-Rouge.
Le ciel était noir, l'air froid ; la neige, tom-
bée à foison les jours précédents, s'étendait,
blanche, sur les toitures, tandis que, dans la
rue, elle s'était émiettée déjà en une pous-

sière humide et grise sous les bottes des
soldats, qui passaient là continuellement
pour gagner le chemin de fer. Réguliers,
mobiles, francs-tireurs, mobilisés, en a-t-
elle vu défiler, cette préfecture, en décembre et surtout en janvier ! Et, quand ils passaient, les drapeaux s'inclinaient, et les
épées des officiers saluaient, devant la maison aux fenêtres closes où travaillait pour
la France l'homme qui n'a jamais désespéré.

Pendant que la multitude s'entassait,
poussant jusqu'au ciel les cris de : Vive la
France ! vive la République! le maire et le
conseil municipal de Bordeaux, introduits
auprès du ministre, affirmaient l'invincible
confiance de cette population dont ils étaient
les représentants, et sa croyance absolue
en lui, et son dévouement sans bornes à
l'œuvre de salut. Il les remercia ; puis, appelé par l'acclamation, toujours croissante,
de cinquante mille citoyens, ouvriers, bourgeois, paysans, impatients d'honorer en
Gambetta l'incarnation de la résistance,
l'énergie vivante de la Patre, il ouvrit la

porte de son cabinet et sortit sur le balcon de pierre.

A sa vue, un immense cri de Vive la République ! monta de la rue, répété par les fenêtres où l’on s’étouffait, et d’un mouvement unanime tous les fronts se découvrirent.

Il était là, point théâtral, grave, simple comme d’habitude, — les deux mains s’appuyant sur le rebord du balcon.

Il parla.

Et ce qu’il dit, de sa voix puissante encore, bien qu’un peu voilée par la fatigue des insomnies et des voyages, me restera éternellement dans le cœur. Il disait nos villes incendiées, nos campagnes pillées par l’Allemand, la patrie malheureuse et humiliée, mais aussi nos soldats stoïques, résolus à ne pas plus reculer devant cet hiver toujours plus terrible que devant cet ennemi toujours plus nombreux ; — il disait encore l’héroïsme parisien et, sollicitant de lui le décisif, le suprême effort, il demandait la sortie « sans esprit de retour », que Paris voulait, que Ducrot avait solennellement promise et que la province attendait chaque jour... Mais, sans doute, on s'y préparait ; sans doute, après les boulets de ses forteresses, la Ville allait lancer la masse irrésistible de ses soldats et de ses citoyens sur la muraille prussienne, et, la crevant, passant au travers, donner la main aux jeunes armées de la Loire qui l'appelaient depuis si longtemps ! « Non ! la France ne périra pas ; car la République, entendez-le bien, a juré de la défendre jusqu'au bout, — elle l'a juré ! » Et il étendit le bras comme pour renouveler le serment sacré, prêté par tous au 4 septembre, et que lui seul devait tenir.

Sous le geste, on vit, pour ainsi dire, courir le frisson patriotique par tout ce peuple en proie à une émotion indescriptible. Puis, le cri de Vive la République ! s'élança dans les airs avec une vigueur nouvelle, et si formidable cette fois qu'il retentit jusque dans la campagne, loin par delà la Garonne.

C'est alors qu'un citoyen, placé sous le

balcon, jeta d'une voix stridente ces quatre mots : « A bas la réaction ! » Et la multitude de répéter : « A bas la réaction ! » La clameur gagna les rangs les plus reculés, s'accentuant, se précisant toujours davantage : « A bas la presse vendue ! A bas les journaux infâmes ! qu'on les supprime ! C'est eux qui nous perdent ! »

Et on les nommait.

Le bon sens populaire n'admettait pas que, l'ennemi occupant le territoire, la presse gardât la liberté de calomnier journellement le chef qui conduisait la résistance nationale et de décourager le pays en tuant chez lui la confiance, nécessaire, indispensable pour que la lutte fût menée avec chance de succès. Ceux qui n'ont pas lu certaines feuilles de cette époque ne peuvent avoir une idée de l'audace anti-française déployée alors par quelques journalistes. On en reste confondu. Aussi, cette explosion de colère était-elle naturelle et comme inévitable ; elle devait forcément se faire jour à la première occasion ; et si l'on peut s'étonner d'une chose, c'est qu'elle n'ait pas été suivie immédiatement de représailles matérielles contre cette presse éhontée, qui la provoquait imprudemment depuis tant de semaines. Et sans la sagesse, la généreuse modération de Gambetta, que serait-il arrivé, quelles violences n'étaient pas à redouter ! Mais il ne se laissa point emporter à l'irritation populaire : ces adjurations passionnées le trouvèrent impassible ; il restait, comme d'habitude, maître de lui-même, ce qui est le vrai, le seul moyen de se rendre maître des autres.

Les clameurs s'étant enfin apaisées : « Non, mes amis, dit-il gravement, je ne ferai pas ce que vous me demandez, cela ne serait digne ni de vous, ni de la République. Je ne donnerai pas le mauvais exemple de refréner la discussion, même quand elle se fait injure et calomnie. Le langage doit être libre comme la pensée, respecté dans tous ses écarts, jusqu'à cette limite fatale où il deviendrait une résolution et engendrerait des actes. Si l'on franchissait cette limite, le gouvernement n'hésiterait pas à frapper. Quant à présent, il se contente d'abandonner cette presse, que votre indignation me dénonce et que je connais bien, au dédain des patriotes, qui fera, — qui a déjà fait justice, votre manifestation vient de me le prouver. Le châtiment suffit. »

« C'est vrai ! vous avez raison ! » répondit, tout d'une voix, la foule soudain retournée, et le ministre se retira du balcon, accompagné par les mêmes vivats qui l'avaient accueilli.

Lui parti, le peuple demeurait là, comme s'il allait revenir. Et les acclamations, où le nom de République alternait avec celui de Gambetta, ne tombaient quelques secondes que pour s'élever de nouveau, plus ardentes, plus éclatantes, parmi les strophes de la *Marseillaise*. Il semblait que Bordeaux ne pût se résoudre à quitter du regard cette maison où il était rentré... Qu'auraient donné les citoyens pour l'embrasser, pour serrer contre leur cœur le cœur de ce fier Français !

Plus d'une heure s'écoula, ils ne se retiraient point, ils voulaient absolument le revoir. « Gambetta ! Gambetta ! » criaient-ils toujours.

Il revint : non pour se faire applaudir, n'étant point de ces vaniteux et de ces vulgaires qui se complaisent aux ovations prolongées, mais pour dire ces simples mots, articulés d'un ton presque sévère : « Citoyens, nous avons besoin de travailler, et ce tumulte persistant nous trouble. Je vous remercie de votre accueil, mais je vous prie de cesser vos chants et de vous retirer en bon ordre. Le recueillement convient seul à l'heure grave où nous sommes. »

Et, sans hésitation, tout de suite, la multitude de se désagréger silencieusement, tant cet homme s'imposait avec facilité !

XXI

Tel est le tyran sous lequel gémissait la liberté française et qui, suivant certains récits, ne passait pas une matinée sans abattre, à la Tarquin, un ou deux journaux réactionnaires, en attendant, sans doute, de pouvoir décapiter les journalistes eux-mêmes. En vola-t-il, de ces feuilles innocentes, au vent de sa colère! on frémit rien que d'y songer, — on en compte jusqu'à... une : l'*Union de l'Ouest*, d'Angers.

Doux Jésus, qu'avait-elle fait, la sainte feuille? En vérité, peu de chose, une peccadille. L'ennemi présent, elle s'était bornée, dans son patriotisme angélique, à déconseiller l'obéissance aux décrets du gouvernement et, partant, la résistance aux Prussiens. Quand il apprit cela, le « dicta-

teur » fronça le sourcil. Il avait bien pu
tolérer les calomnies quotidiennes du roya-
lisme enrageant qu'un républicain fût un tel
patriote, et laisser siffler autour de lui les
libellistes venimeux, — il regardait dédaigneusement, ou plutôt, il ne faisait pas
attention; — mais qu'on soufflât en quelque
sorte la débandade et la fuite à nos soldats,
c'était une autre affaire, voilà qui passait la
permission : il autorisa donc le préfet de
Maine-et-Loire à suspendre la noble *Union
de l'Ouest*[1]. Je me souviens aussi que, vers
cette époque, peut-être dans la même semaine, on tint sous clef, pendant vingt-
quatre heures, un gazetier bordelais convaincu d'espiègleries de semblable nature.

Double excès de tyrannie, dont gémit

---

1. Répétons-le, cette suppression ou suspension
fut *la seule*. L'administration supérieure des Bou-
ches-du-Rhône ayant interdit la publication de *la
Gazette du Midi*, feuille royaliste qui faisait au gouvernement l'opposition la plus vive, le ministre de
l'intérieur cassa l'arrêté de M. Esquiros, et *la Gazette* continua de paraître.

hautement encore la sensibilité réaction-
naire !

Eh bien, franchement, je trouve que
journalistes d'Angers et de Bordeaux ont
mauvaise grâce à se plaindre, et m'est avis
que le farouche dictateur se montra le plus
débonnaire et le plus clément des hommes
en ne les jetant pas à un conseil de guerre,
où ils eussent risqué peut-être quelque terrible mésaventure.

Pour un tel sentiment, je serai traité de
démagogue et d'énergumène, je le sais, —
et je m'en console.

XXII

Un des étonnements de l'Histoire sera certainement l'attitude actuelle du parti légitimiste à l'égard du ministre Gambetta, de ce parti qui, après avoir donné tant de volontaires héroïques à la France, semble vouloir disputer aujourd'hui la palme d'impudence aux bonapartistes les plus décriés. Sur ce nouveau champ de bataille, la *Gazette de France*, entre autres, peut se vanter justement d'avoir égalé *Pays*, *Ordre* et *Patrie* (de beaux titres pour de vilaines publications), de façon à révolter les moins scrupuleux.

Nous venons de voir que le « dictateur » opprimait les journaux, qu'il ne permettait pas une seule critique contre sa personne, que sa main de fer s'abattait sans cesse sur

les presses de la réaction et les brisait net...
Ce n'est pas tout. Le Jacobin ombrageux
ne se contentait point, paraît-il, de si minces
ruines : il allait jusqu'à sacrifier la défense
nationale à ses passions de sectaire. Inutile
de s'offrir à la patrie, eût-on le plus solide
renom de valeur et les plus incontestables
talents militaires, on était sûrement éconduit, si l'on ne montrait patte rouge à la
porte du ministère. Qui ne sait, d'ailleurs,
que jamais, au grand jamais, Gambetta ne
s'inquiéta de former des armées et de com-
battre les Prussiens? Le beau souci! Son
unique préoccupation fut de donner des bureaux de tabac à ses intimes et de la graine
d'épinard aux orateurs des clubs.

Voilà, dans toute leur bêtise odieuse, les
dires débités, ressassés, rabâchés depuis trois
ans, par les glorificateurs de l'Aigle de
Sedan et du Lys de Coblentz.

La France avait cru, pendant des mois,
bonnement, ingénument, que, ministre de
la Défense avant tout, Gambetta ne demandait aux généraux que des aptitudes et non

des opinions; — erreur! illusion! folie!

Est-ce que d'Aurelles de Paladines, Martin des Pallières, Bourbaki, Charette, Cathelineau, etc., reçurent jamais l'investiture de la République?

Comment! Bourbaki, ex-commandant en chef de la garde impériale; Bourbaki, expédié par Bazaine en mission auprès de l'impératrice; Bourbaki, se présentant à son retour de Londres au ministre Gambetta, celui-ci, satisfait de le savoir brave comme Ney et loyal comme Bayard, lui aurait confié, d'emblée, une armée dans le Nord et, plus tard, une armée dans l'Est!

Légende, pure légende!

Non, c'est de l'histoire.

Comment! Charette, l'homme de Castelfidardo, l'ultra-royaliste, le colonel des zouaves pontificaux, se serait offert avec son régiment de chouans, et Gambetta, satisfait de savoir Charette brave et loyal comme Bourbaki, l'aurait accueilli à bras ouverts! Bien plus, comme un membre de la délégation exprimait la crainte que l'uniforme de ces zouaves ne fût regardé de travers par les troupes régulières, il aurait répondu que « cet uniforme ayant revêtu jusqu'ici des Français pleins de courage, il entendait, lui, le ministre de la guerre, qu'on le fît voir aux Prussiens » ; — enfin, et pour comble, il aurait, quelques jours après, nommé général ce colonel papalin !

Légende, triple légende !

Non, c'est de l'histoire.

Et voilà par quel esprit d'exclusion Gambetta compromit la défense nationale ; voilà de quelle façon il sacrifiait la patrie à ses défiances démocratiques.

L'armée ne s'y est point trompée, elle qui, en province comme à Paris, le porta invariablement en tête même des listes de la réaction : officiers et soldats monarchistes ont, en effet, toujours voté pour Gambetta, absolument comme leurs camarades républicains, voulant le remercier ainsi de n'avoir jamais rien mis en balance avec son amour du pays et sa haine de l'ennemi[1].

1. Consulter, notamment, les élections parisiennes

Et, parmi tant de départements qui l'envoyèrent à l'Assemblée le 8 février 1871, lesquels relevons-nous, lesquels frappent tout d'abord ? Le Haut et le Bas-Rhin, la Meurthe et la Moselle : toute l'Alsace, toute la Lorraine. C'est qu'elles n'oubliaient pas, les chères provinces, aujourd'hui détachées de la mère-patrie, comme il les avait disputées à l'Allemand, et qu'elles espéraient que, lui demeurant, la délivrance restait possible encore !

Et cette délivrance, — cette délivrance *par lui*, — les Prussiens ne semblaient-ils pas la craindre, quand ils allèrent jusqu'à interdire le colportage des bulletins imprimés où se trouvait le nom de Gambetta : en sorte qu'Alsace et Lorraine durent écrire à la main ce nom proscrit ?

Que pensez-vous de l'ostracisme ? N'est-il

du 2 juillet 1871 : Gambetta recueillit dix-huit cents suffrages militaires (la quasi-unanimité), quand le général de Cissey, alors ministre de la guerre, *qui venait immédiatement après lui,* en avait treize cents à peine.

pas comme un hommage furieux au patriote qui ne céda jamais? Ah! l'Allemagne l'exécrait presque autant que l'exècrent nos réactionnaires! Combien de fois, en effet, nos officiers, revenus de captivité, nous ont-ils raconté l'effroi qu'inspirait là-bas, au delà du Rhin, la tenace énergie du « terrible Français! »

XXIII

Donc, vous pouvez, braves gens du *Pays*, traiter à votre aisé Gambetta de « lâche » et de « misérable » ; vous pouvez, cœurs fiers du *Constitutionnel*, de la *Gazette* et de l'*Ordre*, déplorer quotidiennement qu'on n'ait pas condamné, au lieu et place du loyal Bazaine, l'infâme dictateur[1] ; vos invectives ne tirent pas à conséquence, elles ne déshonorent que vous-mêmes, — ce qui regarde vos familles, et point d'autres.

Mais laissons les malheureux : c'est trop s'arrêter sur de si tristes audaces.

Il y a beau temps, d'ailleurs, que la nation et l'armée ont prononcé, et le jour est

---

1. Il est à remarquer que les insulteurs de Thires et de Gambetta sont tous, ou presque tous, fervents justificateurs de Bazaine.

proche où, partout, dans les villes, dans les bourgs, dans les camps, la France pourra librement acclamer, avec le vieux Thiers, le jeune Gambetta. Alors, quelle explosion d'allégresse ! Alors, comme on se sentira délivré ! Et comme, ici, nous ferons joyeusement resplendir, en lettres de lumière, sur la façade de notre hôtel de ville qui subit jadis tant de dépêches douloureuses, les noms de ces grands serviteurs de l'indépendance et de l'honneur français !

N***, 10 avril 1874.

FIN.

TABLE

FIN DE LA TABLE.

Imprimerie D. BARDIN, à Saint-Germain.

www.ingramcontent.com/pod-product-compliance
Ingram Content Group UK Ltd.
Pitfield, Milton Keynes, MK11 3LW, UK
UKHW020307130726
13696UKWH00003B/925